日本一わかりやすい
HRテクノロジー
活用の教科書

ポライト社会保険労務士法人

［著］ 特定社会保険労務士
榊 裕葵

まえがき

　本書を手に取っていただきありがとうございます。本書は、これから日本企業の人事労務に関する仕事の姿を大きく変えていくと期待されている「HRテクノロジー」について可能な限りわかりやすく紹介することを目指して執筆しました。

　いきなりHRテクノロジーと言っても、HRテクノロジーという言葉を初めて聞いた方や、聞いたことはあるけど詳しくは知らないという方もたくさんいらっしゃると思います。ですが、安心してください。本書は誰もが身構えずに読んでいただけるよう、専門用語は可能な限り使わず、日常用語での平易な言葉を使っての解説を心掛けました。やむを得ず専門用語を用いる場合は用語の解説を付すようにしています。

　差し当たっての予備知識もいりません。まずは、HRテクノロジーについて「人事部や総務部の仕事の効率化を助けてくれるITサービス」という大雑把な「イメージ」を持って本書を読み始めてみてください。本書は、読み進めていけばHRテクノロジーの姿がだんだん具体的に見えてくるような構成になっています。

　本書が主な読者として想定しているのは、企業経営者の方、企業で人事労務関係の仕事に携わっていらっしゃる方、HRテクノロジーの提供事業者の方、そして社会保険労務士の方です。それにとどまらず、本書は効率的な働き方を実現する本質的な考え方にも触れていますので、働くすべての人に興味を持っていただくことができましたら幸いです。

2019年3月

ポライト社会保険労務士法人　マネージング・パートナー

特定社会保険労務士　榊 裕葵

# もくじ

第1章　HRテクノロジーの定義と全体像

1　本書の結論とHRテクノロジーの定義　2
- 1–1　本書の結論　2
- 1–2　HRテクノロジーの定義　2
- 1–3　「人事労務業務」とは　3
- 1–4　「クラウド」とは　3
- 1–5　HRテクノロジーの具体例　6
- 1–6　SaaSとHRテクノロジーの関係　6
- 1–7　まとめ　9

2　HRテクノロジーの強み　10
- 2–1　強み①：導入コストが手軽な場合が多い　10
- 2–2　強み②：業務効率化の幅が大きい　12
- 2–3　強み③：使いやすい　13

3　働き方改革法とHRテクノロジー　15
- 3–1　待ったなし！の働き方改革法への対応　15
- 3–2　「掛け声」や「気合い」だけでは何も変わらない　17
- 3–3　HRテクノロジーが働き方改革実現の切り札になる　17

4　HRテクノロジー導入の積極的メリットと注意すべき死角　19
- 4–1　メリット①：人事労務部門の効率化　19
- 4–2　メリット②：社員の労務管理や福利厚生の質の向上　19
- 4–3　メリット③：企業全体の効率化への波及効果　20
- 4–4　メリット④：企業の売上や収益への貢献　20
- 4–5　メリット⑤：従業員満足度の向上　21
- 4–6　HRテクノロジーの死角　21
- 4–7　死角は使い手の努力でカバーすることができる　25

5　HR テクノロジー導入は 3 段階に分けて考える　27

5–1　第 1 段階：すべての企業で導入したい 5 つの HR テクノロジー　27

5–2　第 2 段階：社員数 50 名以上の企業で導入したい HR テクノロジー　28

5–3　第 3 段階：経営課題に応じて必要な場合に導入したい HR テクノロジー（大企業を想定）28

5–4　働き方改革法と第 1 段階の HR テクノロジー　30

5–5　第 3 段階の先にある未来の HR テクノロジーと人間の判断　30

5–6　まとめ　31

第 2 章　HR テクノロジーの各論

1　勤怠に関する HR テクノロジー　34

1–1　勤怠管理とは　34

1–2　厚生労働省が定める勤怠管理手法の基準　35

1–3　勤怠管理に関する HR テクノロジー　38

1–4　クラウド勤怠管理ソフトで勤怠管理の何が楽になるか　39

1–5　選び方　41

1–6　初期設定のハードルを乗り越えて運用を軌道に乗せよう　43

1–7　就業規則や実務運用をクラウド勤怠管理ソフトに合わせるという発想が必要　44

1–8　管理するのは「出社・退社」か「始業・終業」か？　46

1–9　定着の肝は打刻漏れを防ぐこと　47

1–10　給与計算ソフトとの連携は「後工程はお客様」の考えで　49

2　給与計算に関する HR テクノロジー　51

2–1　給与計算とは　51

2–2　給与計算に関する HR テクノロジー　51

2–3　クラウド給与計算ソフトで給与計算の何が楽になるか　52

2–4　初期設定は給与規程の整備とセットで考える　60

2–5　初期設定ができてしまえば運用の難易度は高くない　61

2–6　クラウド給与計算ソフトの選び方　62

2–7　給与計算と会計の連携　65

2–8　経費精算　65

2-9　給与を電子マネーで日払いできる!?　66

3　年末調整に関する HR テクノロジー　68

3-1　年末調整とは　68

3-2　年末調整に関する HR テクノロジー　69

3-3　クラウド年末調整ソフトの選び方　71

3-4　年末調整が行われる 12 月の人事労務部門は多忙　72

4　マイナンバー管理に関する HR テクノロジー　73

4-1　マイナンバー管理のための安全管理措置　73

4-2　クラウドマイナンバー管理ソフトの選び方　74

4-3　クラウドマイナンバー管理ソフトが不安な方へ　75

4-4　クラウドでマイナンバーを管理すると年末調整が安全かつ楽になる　77

5　人事労務手続に関する HR テクノロジー　79

5-1　人事労務手続とは　79

5-2　社員から入社情報を回収するのも一苦労　79

5-3　人事労務手続に関する HR テクノロジー　80

5-4　クラウド人事労務ソフトの選び方　84

6　社員の健康管理に関する HR テクノロジー　85

6-1　労働安全衛生法で企業に求められる義務　85

6-2　社員の健康管理に関する HR テクノロジー　85

6-3　社員の健康管理は重要な経営課題　88

7　採用に関する HR テクノロジー　89

7-1　人事および採用とは　89

7-2　求人段階の HR テクノロジー　89

7-3　選考段階の HR テクノロジー　91

8　タレントマネジメントに関する HR テクノロジー　93

8-1　人事に関する HR テクノロジー導入の目安　93

8-2　社員マスタ以上の機能が必要　93

8-3　クラウド人事ソフトで何ができるのか　93

9　第 3 段階の HR テクノロジー　97

9-1　まだまだ発展途上の領域　97

9-2　活用例　97

10　HR テクノロジーの定着や運用を助けるクラウドサービス　99

10-1　社内マニュアルの整備　99

10-2　社内マニュアルの作成に役立つクラウドサービスは？　100

10-3　社内チェックリストの整備　101

10-4　社内チェックリストの整備に役立つクラウドタスク管理ソフトは？　102

10-5　ビジネスチャットの導入　103

10-6　クラウドストレージの導入　104

10-7　クラウドストレージサービスを上手に利用するための環境づくり①　105

10-8　クラウドストレージサービスを上手に利用するための環境づくり②　106

10-9　雇用契約書や誓約書の電子化　106

第3章　HR テクノロジーの具体例

1　KING OF TIME を使ってみよう　110

1-1　30 日間無料体験に申し込む　110

1-2　ホーム画面の構成を理解する　112

1-3　初期設定を行う　113

1-4　勤怠の打刻を行う　125

1-5　打刻漏れなどの打刻修正を申請する（必要に応じ）　126

1-6　勤怠の締めを行う　128

1-7　給与計算ソフトへ勤怠情報を連携させる　130

2　人事労務 freee を使ってみよう　134

2-1　アカウントを開設する　134

2-2　初期設定を行う　136

2-3　勤怠管理機能を利用する　147

2-4　給与計算を行う　151

2-5　その他人事労務 freee でできること　152

3　MF 給与を使ってみよう　155

3-1　アカウントを開設する　155

3-2　初期設定を行う　156

3–3　勤怠を取り込む　161

3–4　給与計算を行う　162

4　SmartHR を使ってみよう　165

4–1　アカウントを開設する　165

4–2　初期設定を行う　167

4–3　新入社員の情報を収集する　170

4–4　マイナンバーの提出依頼をする　174

4–5　入社手続を行う　177

4–6　電子申請を行う　181

4–7　その他 SmartHR でできること　184

第 4 章　HR テクノロジー活用事例

1　株式会社キャスターの事例　188

1–1　日本全国のクラウドワーカーが、HR テクノロジーを使いこなす　189

1–2　CASTER BIZ や在宅派遣で HR テクノロジーを円滑導入　191

2　ウッドステーション株式会社の事例　192

2–1　設立前から「バックオフィスのクラウド化」を決めていた　194

2–2　労務と会計・税務のシームレスな連携　194

2–3　出張の多い職場環境にも人事労務 freee はマッチ　195

3　創業手帳株式会社の事例　196

3–1　無料配布される「創業手帳」の仕組み　197

3–2　創業手帳社の HR テクノロジーに対する考え方　198

3–3　日報管理の HR テクノロジーを勤怠管理に「セルフメイド」　198

3–4　時には「枠」にとらわれない発想が必要　200

4　ひふみよ株式会社の事例　201

4–1　障がい者が自立できるクリエイティブな事業を開発する　201

4–2　「サムライラーメン旨味」で世界的事業も　203

4–3　国内外への出張も多い白澤社長に人事労務 freee を提案　204

4–4　HR テクノロジーの普及は障がい者や難病の方の社会参加に役立つ　206

もくじ

第5章 HR テクノロジーと社会保険労務士

1 人事労務業務と社会保険労務士　208
- 1-1　社会保険労務士の仕事とは　208
- 1-2　社会保険労務士と契約をするメリット　210

2 これからの社会保険労務士と HR テクノロジー　212
- 2-1　HR テクノロジーは社会保険労務士の仕事を奪うのか　212
- 2-2　HR テクノロジーに置き換えられる仕事に無策にしがみつくのは危険　216
- 2-3　HR テクノロジーの導入は「時期尚早」ではない　217
- 2-4　社会保険労務士も HR テクノロジーの開発に積極的に参加すべき　218
- 2-5　HR テクノロジー導入上の注意点　219
- 2-6　HR テクノロジーと既存の社会保険労務士ソフトおよび社会保険労務士との関係　221
- 2-7　変わることの必要性は歴史が証明している　223
- 2-8　極論を言えば、人事労務手続や給与計算の仕事はなくなるのが理想　224

第6章 RPA と HR テクノロジーの関係

1 RPA と HR テクノロジー　226
- 1-1　RPA の説明と定義　226
- 1-2　RPA の導入コストは決して高価ではない　228
- 1-3　HR テクノロジーと RPA の関係　229
- 1-4　HR テクノロジーと RPA の導入の順番　230

2 企業における RPA 活用事例　232
- 2-1　給与計算ソフト移行業務における RPA 活用　232
- 2-2　毎月の給与計算の完全自動化が目標　234
- 2-3　RPA 活用による複数マスタ問題の解消　235
- 2-4　RPA で効率化された工数を真の顧問先サービスに活かす　236

もくじ

第7章　HRテクノロジーでプラチナ企業へ

1–1　HRテクノロジー導入は時代の要請　238

1–2　東京から大阪まで徒歩で出張しますか？　238

1–3　「ITが不得意」を言い訳にしてはならない　239

1–4　多少の反対意見があっても突破する　240

1–5　「トワイライト企業」こそ真っ先にHRテクノロジーを導入すべき　241

1–6　「ホワイト企業」もHRテクノロジーを駆使して「プラチナ企業」へ進化しましょう　242

第8章　HRテクノロジーを「働き方改革」の礎に

1–1　ワークライフバランスを前提にしたジャパンクオリティを目指す　246

1–2　HRテクノロジーは働き方改革の「1丁目1番地」　247

1–3　「幕末の志士」くらいの勢いで日本の働き方を変えていかなければならない　247

1–4　既存の企業の効率化だけでなく、付加価値や生産性の高い新産業の創出も　249

1–5　プラチナ企業が明日の日本を支える力になる　250

第1章
HRテクノロジーの
定義と全体像

　読者の皆様、改めましてこんにちは。社会保険労務士の榊です。これからHRテクノロジーの世界への道案内をさせていただきます。

　本章では、「まえがき」で大まかなイメージを持っていただいたHRテクノロジーについて、定義を含め、より詳しい説明を加え、掘り下げていきます。

　その上で、HR的ノロジーを使うと、どんな良いことがあるのかということや、HRテクノロジーを使うにあたって注意しなければならない死角など、全体像を説明させていただきます。

第1章 定義と全体像

第2章 各論

第3章 具体例

第4章 活用例

1 本書の結論と HRテクノロジーの定義

1-1　本書の結論

　本書では、まず結論を先に申し上げます。推理小説では、もし冒頭に結論があったらストーリーが台無しになってしまいます。しかし、ビジネスの世界においては長々と理由を説明する前に、まずは結論を述べることが重要です。ビジネス実用書である本書も、まずは結論から述べさせていただきます。

　さて、本書の結論を端的に申し上げますと、「HRテクノロジーを導入すると、多くのメリットがあるので、是非導入をしましょう！」ということです。

　本書では、その結論を裏付けるため、具体的な実例も踏まえながら、HRテクノジーにはどのようなメリットがあるのかということや、HRテクノロジーを積極的に活用すべき理由などを説明していきます。

1-2　HRテクノロジーの定義

　HRテクノロジーのメリットを説明する前に、そもそも「HRテクノロジー」とは何なのか、その定義の説明から始めます。大前提として、HRテクノロジーには法的定義はありません。また、何らかの権威等に基づいた世の中の共通認識と言うべき定義も存在しません。そこで、本書としてのHRテクノロジーの定義を定めた上で説明することにします。

　「HR」は、英語のHuman Resourceの頭文字をとった略語です。日本語に訳すと、「人材」とか「人的資源」といった言葉に置き換え

られます。ですから、「HR」に「テクノロジー」がくっついた「HR
テクノロジー」を直訳すると「人材や人的資源に関する専門技術」
という意味になります。

　本書では、実務上の実態を踏まえ、もう少し具体的に、HR テク
ノロジーを「人事労務業務を効率化するクラウド型 IT サービス」と
定義します。定義に含まれる専門用語の意味は、この後、順番に補
足説明していきます。

1-3　「人事労務業務」とは

　まず、HR テクノロジーの定義に含まれる「人事労務業務」とい
う言葉について説明します。一口に「人事労務業務」と言っても多
種多様ですので、どのような業務が含まれるのか、ここで確認して
おきます。「人事労務」は「人事＋労務」の合成語であり、「人事」
に属する業務としては「採用」「社員教育・研修」「人事評価」「人事
異動」「人事制度企画」が挙げられます。「労務」に属する業務とし
ては「勤怠管理」「給与計算」「入社・退職等の手続き」「健康管理」
「福利厚生」「労働トラブル対応」が挙げられます。詳細は図表1-
1-①をご覧ください。HR テクノロジーは、これらの業務を効率化
します。

1-4　「クラウド」とは

　次に、HR テクノロジーの定義の中に含まれる「クラウド」とい
う言葉について説明します。

　「クラウド」は英語の cloud（雲）に由来する言葉です。インター
ネットでつながった世界を「空」に例えると、その空には様々な
「雲」が浮かんでいます。そして、インターネットの世界の空に浮か
ぶ1つ1つの「雲」の上では、それぞれ何らかのサービスが提供さ
れています。これが「クラウド」あるいは「クラウドサービス」と

図表1-1-① 人事労務業務とは

領域	業務内容	説明
人事	採用	採用計画の立案、求人募集、会社説明会、採用面接、内定出し、までの一連の業務を行う
人事	社員教育・研修	新入社員研修、階層別職務研修、管理職研修など、各種社員研修の企画および実施する
人事	人事評価	人事評価制度の策定や運用を行う
人事	人事異動	企業の状況、社員の特性や家庭の事情などを把握し、適材適所に人員を配置する
労務	勤怠管理	社員の業務開始・終了時刻や、遅刻・早退・欠勤・有給などの時間管理を行う
労務	給与計算 （含 賞与計算） （含 年末調整）	勤怠集計結果や給与規程等に基づき、各社員の給与の総支給額、控除額、手取額の計算を行う（賞与計算や年末調整業務も含む）
労務	入社・退職等の手続き （含マイナンバー管理）	入社時の雇用契約書締結や社会保険・雇用保険の資格取得手続、退職時の社会保険・雇用保険の資格喪失手続や離職票の発行等を行う（手続きに必要な情報として、マイナンバーの収集や保管等の管理業務も含む）
労務	健康管理	定期健康診断やストレスチェックの実施、安全衛生委員会の開催などを行う
労務	福利厚生	社内行事の開催、社宅の管理、慶弔見舞金の支払い等を行う
労務	労働トラブル対応	未払い残業代、不当解雇、パワハラ・セクハラ等、社員と企業の間にトラブルが発生した場合の対応を行う

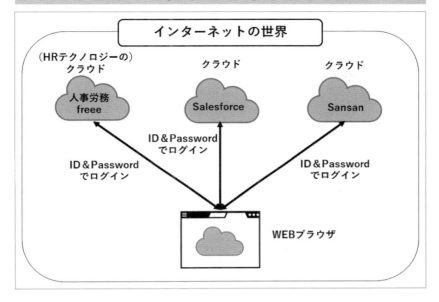

図表1-1-② 「クラウド」のイメージ図

よばれるものの正体です。

　インターネットのユーザーは、Internet Explorer や Google Chrome などのブラウザか、スマートフォンのアプリを経由して、インターネット上で自分の必要とするサービスを提供している雲（クラウド）にアクセスすることができます。そうすることで、自分のパソコンやスマートフォンにソフトウェアをダウンロード（インストール）したり、セットアップしたりすることなく、「雲」の上で提供されているサービスを気軽に利用することができるのです。

　クラウドサービスをさらにかみ砕いて表現するならば、「ID とパスワードでログインして利用するサービス」と言ってよいかもしれません。身近なところで提供されているクラウドサービスの代表例は「LINE」「Facebook」「Gmail」などです。

　ビジネスの世界において有名なクラウドサービスと言えば、顧客管理の「Salesforce」、名刺管理の「Sansan」、会計ソフトの「会計 freee」などが代表例として挙げられます。本書でこれから詳しく説

明する、総合人事労務ソフトの「人事労務 freee」や、人事労務手続の自動化に強みを持つ「SmartHR」などを一例とする HR テクノロジーソフト群も、当然クラウドサービスの一種です。

1-5　HR テクノロジーの具体例

　HR テクノロジーについて、よりイメージが持ちやすいよう、ここで具体例を示したいと思います。給与計算の実務を例に考えてみることにしましょう。

　給与計算は、紙と電卓を使って手計算で行うのが最もアナログな方法ですが、手間がかかってしまいますし、計算ミスが起こってしまう可能性も否定できません。そこで、これまでは Excel などの表計算ソフトで給与計算の計算式を組んだり、「弥生給与」「PCA 給与」「給与奉行」などに代表されるインストール型の給与計算ソフトを導入したりすることで、多くの企業は給与計算業務の効率化を図ってきました。ここからさらに一歩進んだ世界が、クラウド型の給与計算ソフトへの移行です。クラウド型の給与計算ソフトに移行することで、給与計算の中で自動化・効率化できるプロセスが増え、給与計算そのものだけでなく、給与計算の前後のプロセスを含めた効率化を実現することが可能となります。詳細は、**図表 1-1-③**にまとめましたのでご覧ください。

1-6　SaaS と HR テクノロジーの関係

　ところで、HR テクノロジーについてインターネットや書籍で調べていると、「SaaS（サース）」という言葉に出会うことがしばしばあるかと思います。本節は、SaaS とは何なのか気になっている方向けの説明ですので、読み飛ばしていただいて構いません。SaaS について理解しなくても、本書の理解に差支えありませんのでご安心ください。

6　　第1章　HR テクノロジーの定義と全体像

図表1-1-③　給与計算方法の比較

給与計算の 手段	代表的な ソフトの例	強　み	弱　み
紙と電卓	—	・コストがかからない	・すべてが手作業で手間がかかる ・システムによるチェックが入らないので、計算ミスが起こりやすい
表計算ソフト	Excel	・コストがかからない ・数式を組み込めばある程度は自動化できる	・すべての数式を自分で構築しなければならないので、給与計算とExcel両方の専門知識が必要
インストール型 （非クラウド型） 給与計算ソフト	弥生給与 PCA給与 給与奉行	・歴史ある給与計算ソフトなので、ソフトとしての完成度は高い ・様々な給与計算の事例に柔軟に自動計算してくれる多機能性を持つ	・保険料率や税額表の変更などは手作業での変更やアップデート処理が必要 ・現在は一部クラウド版も提供されているが、中小企業にとってはコスト負担大
クラウド型 給与計算ソフト （＝HRテクノロジー）	人事労務freee マネーフォワードクラウド給与	・給与計算自体の自動化に加え、保険料率や税額表の変更、ソフトのバージョンアップなども自動 ・WEB給与明細の送信機能など、給与計算の前後のプロセスも効率化できる ・社員数が少なければ低コストでソフトを利用可	・ソフトの熟成が発展途上で、複雑な給与計算や特殊な給与計算には対応できない場合がある ・社員数が大幅に増えるとインストール型ソフトよりも割高になる場合がある

1　本書の結論とHRテクノロジーの定義

それでは、SaaS についての説明を始めていきます。まず、SaaS の意味ですが、SaaS は英語の「Software as a Service」の略語です。日本語に訳すと「（クラウド型で提供される）サービスとしてのソフトウェア」という意味になります。SaaS には「クラウド型」という暗黙の大前提がありますので、家電量販店などで CD-ROM を買ってきてインストールするパッケージ型のソフトウェアは、SaaS の概念には含まれません。

　これを踏まえ、SaaS と HR テクノロジーの関係について言及しますと、SaaS は HR テクノロジーの上位概念ということになります。インターネットの世界に浮かぶ雲（クラウド）上で提供されるソフトウェアサービス全般が SaaS に含まれ、HR テクノロジーはその一類型ということです。会計に関する IT 技術であるフィンテックも、同様に SaaS の一類型です。顧客管理、在庫管理、生産管理などで使われるソフトウェアも、それがクラウド上で提供されるならば SaaS の一類型ということになります。

　加えて言うならば、SaaS のさらに上位概念がクラウドです。インターネット上に浮かんでいる雲（クラウド）には、いわば「完成品」としてのソフトウェアサービスを提供する雲（SaaS）だけでなく、何らかのアプリケーションを動かすためのプラットフォームを提供する雲（PaaS＝「Platform as a Service」）や、サーバー・ストレージ・ネットワークといった、従来は主に物理的なハードウェアとして提供されていた機能をクラウドサービスとしてユーザーに提供する雲（IaaS＝「Infrastructure as a Service」）も存在しています。HR テクノロジーの本筋の話から逸れてしまいますので、本書では SaaS、PaaS、IaaS についてこれ以上詳しくは触れませんが、下表のように頭の中を整理しておけばわかりやすいと思います。HR テクノロジー開発者や企業の IT 担当者でなければ、このくらいの理解で十分です。

図表1-1-④　HRテクノロジーの上位概念

最上位概念	上位概念	下位概念/具体例
クラウド（インターネットの世界に浮かぶ雲の総称）	SaaS（完成品のサービスを提供する雲）	HRテクノロジー フィンテック クラウド型のCRM
	PaaS（アプリケーションを動かすプラットフォームを提供する雲）	Google App Engine Microsoft Azure
	IaaS（サーバー・ストレージ・ネットワークといったハードウェア系のサービスを提供する雲）	クラウドサーバー クラウドストレージ オンラインネットワーク

1-7　ま　と　め

　1は概念の説明ということで、抽象的な話も多くなってしまいましたが、ぼんやりとでもHRテクノロジーの「イメージ」を頭に作っていただけましたら大丈夫です。HRテクノロジーは、インターネットに浮かぶ雲（＝クラウド）の上で提供される人事労務業務を効率化するITサービスである、という雲の図を頭に思い浮かべながら、2へ進んでください。

2 HRテクノロジーの強み

　1ではHRテクノロジーの定義やイメージを説明させていただきました。2では、HRテクノロジーの強みについて説明します。HRテクノロジーの強みを3つの観点に整理し、従来のインストール型のソフトとの比較の視点も交えながら説明します。

2-1　強み①：導入コストが手軽な場合が多い

　1つ目は、すべてのサービスがそうだとは断言できませんが、導入コストのハードルが比較的低いサービスが多いということです。従来は人事労務領域であれそれ以外の領域であれ、企業が業務効率改善のために何らかの法人向け業務ソフトを導入しようとすると、ソフトウェア導入費用はもちろん、ソフトウェアを動かすためのハードウェア環境の構築も相まって、数百万円規模のコストが発生することも珍しくはありませんでした。そのため、導入を断念せざるを得ない企業も少なくはなかったと思います。

　これに対し、多くのHRテクノロジーを利用したサービスでは、初期費用は無料か、比較的低額です。また、月額利用料も、利用者数や利用ID等に応じた月単位や年単位での課金という仕組みになっていて、コストに無駄がありません。課金は「サービスを利用する社員数×数百円〜数千円＋a」というイメージで、中小企業にとっても無理のない負担感です。例えば、給与計算を核とした人事労務freeeのライトプランは「1,980円＋4名以降の利用者数×300円」、勤怠管理ソフトのKING OF TIMEは「300円×利用者数」となっています。

　このような低価格で質の高いサービスが手に入るのは、HRテク

第1章　HRテクノロジーの定義と全体像

ノロジーが「クラウド型」のソフトであるからに他なりません。パッケージ型ソフトのようにCD-Rにソフトウェアを入れて家電量販店などで販売するといった流通コストが発生しませんし、自社でハードウェア側の環境を構築する必要もないので、これらの事情がコストダウンに直結します。

　それではなぜ、これほど便利で割安なクラウド型のソフトが昔は存在しなかったのでしょうか。それは、インターネット回線の事情によります。かつてはインターネットの回線容量が小さく、大量のデータの送受信には時間がかかってしまう上、接続料は従量課金であったため（ナローバンド）、技術的にクラウド型のサービスは実現が難しく、パッケージ型のソフトが主流にならざるを得ませんでした。しかし、現在は、日本中に高速・大容量・定額のインターネット環境（ブロードバンド）が張りめぐらされ、ナローバンド時代の課題は解消され、クラウド型ソフトの実用化が実現しました（**図表1-2-①**）。

図表1-2-①　ナローバンド時代とブロードバンド時代の比較

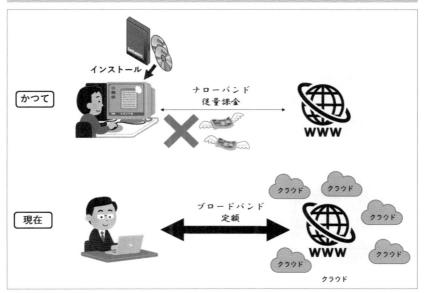

2-2　強み②：業務効率化の幅が大きい

　２つ目は、パッケージ型では対応ができなかった領域にまで踏み込んで幅広く業務の効率化ができるということです。

　パッケージ型のソフトの場合、そのソフトウェアをインストールしたパソコンなりサーバーなりでしか使うことができません。ですから、基本的には単独での利用を想定しています。これに対し、クラウド型のソフトの場合はインターネットに接続できる環境があれば、どこからでも自由に利用することができます。

　年末調整を例に考えてみましょう。パッケージ型のソフトの場合、年末調整の還付や徴収額はもちろん自動計算してくれます。しかしながら、計算の前提となる情報（扶養控除等（異動）申告書など）の収集に多くの企業の担当者が苦慮しています。これに対し、クラウド型のソフトの場合は、年末調整の還付や徴収額の自動計算ができるだけでなく、計算の前段階の情報収集の効率化にも貢献します。詳しくは後述しますが、クラウド上で全社員とつながっているため、扶養控除（等）申告書の回収をオンラインで行うなど、年末調整全体のプロセスを効率化することができるのです（図表１-２-②）。

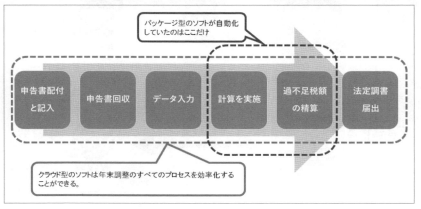

図表１-２-②　ソフトによる年末調整業務の効率化イメージ図

2-3　強み③：使いやすい

3つ目は、使いやすいということです。ただし、これは、決して従来のパッケージ型のソフトが使いにくかったという意味ではありません。パッケージ型のソフトは、専門知識を持った人でなければ扱いが難しい傾向にあったということです。パッケージ型のソフトは、専門知識を持った人が単独で使うことを前提に開発されてきました。専門知識を持った人が、体系的に完成された知識に基づいて操作をしたり、様々な細かい設定をしたりできるように最適化されています。

これに対し、クラウド型のソフトは、専門知識を持った担当者だけでなく、その企業に所属する社員全員で効率的に利用することを想定して開発されています。ですから、比喩的に言うならば、iPhone的な発想で、一般社員が使っても、可能な限り直感的に迷わず操作ができるようなインターフェースになっていることが多いで

図表1-2-③　パッケージ型ソフトとクラウド型ソフトのターゲットの違い

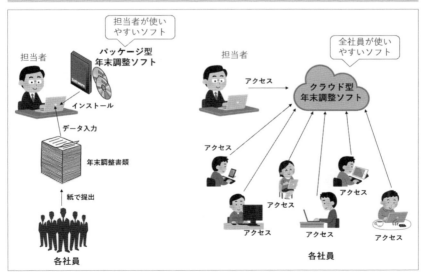

す。例えば、先ほどの年末調整の例であれば、各社員はクラウドソフトから提供されるインターフェースに沿って年末調整に関する自分の情報を入力していくのですが、そのインターフェースは可能な限りわかりやすく入力できるようになっていることはもちろん、要所要所でヘルプの説明があったり、自働計算が働いたりして、入力を助けてくれます。

　たしかに、専門知識を持った方からすれば、逆にまどろっこしく、ひとつの画面で次々と情報を入力できるほうがストレスは少ないかもしれません。しかし、クラウド型のソフトは、全社員で利用することを前提とすると、多少回りくどくても、一般社員が迷わず入力できるインターフェースになっているほうがベストなのです。一般社員が迷わずに済む結果、担当者への問合わせも減り、人事労務部門の業務効率化につながります。紙で申告書を印刷、配付、回収する手間が省けることも効率化につながります。

　以上3点が、「クラウド」というIT技術を活用したHRテクノロジーの強みです。

3 働き方改革法とHRテクノロジー

3-1 待ったなし！の働き方改革法への対応

　昨今「働き方改革」や「ワークライフバランス」といった言葉が注目されるようになりました。その結果、大企業を中心に、残業時間の削減、所定労働時間の短縮、有給休暇の取得促進、多様な働き方の実現、などが進みつつあります。しかしながら、日本企業の約99％を占め、働く人の約70％が所属するといわれる中小企業では、大企業ほど進んでいません。

　厚生労働省の平成29年就労条件総合調査によると、1企業平均年間休日総数が社員数1,000人以上の企業では115.1日なのに対し、30人～99人の企業では107.2日にとどまっています。労働者1人平均年次有給休暇の取得日数においても、1,000人以上の企業では10.6日なのに対し、30人～99人の企業では7.5日となっています。さらに言えば、統計の対象となっていない社員数が数名規模の企業では誰かが休むと業務が回らず、もっと休日数が少ないでしょうし、有給休暇の取得が事実上困難ということも珍しくありません。

　このように、我が国の多くの企業において残業削減や有給休暇取得推進が道半ばである中、いわゆる「働き方改革法」が2018年6月29日に成立しました。働き方改革法には、罰則付きの36協定で定める時間外労働時間の上限設定や、有給休暇の年間5日以上の付与義務などが盛り込まれています。事業主の労働時間把握義務も強化されました。これらの法改正は、もちろん中小企業にも適用されます。すなわち、いよいよ、企業規模にかかわらず残業削減や有給休暇の取得推進に「待ったなし！」で対応を始めなければならない状況になったということです。

図表1-3-① 働き方改革法による改正項目

No	働き方改革法の項目	詳細	実施時期
1	時間外労働時間の「罰則付き上限規制」	労働者の過労死等を防ぐため、残業時間を原則月45時間かつ年360時間以内、繁忙期であっても月100時間未満、年720時間以内にするなどの上限が設けられ、これを超えると刑事罰の適用もある。	大企業 2019年4月1日〜 中小企業 2020年4月1日〜
2	5日間の「有給休暇付与」の義務化	年10日以上の有給休暇が発生している労働者に対しては、企業は必ず5日の有給休暇を取得させなければならない義務が課された。	全企業 2019年4月1日〜
3	「勤務間インターバル制度」の努力義務	疲労の蓄積を防ぐため、勤務終了から次の勤務開始まで、少なくとも10時間、あるいは11時間といった、心身を休める時間を設けることが望ましいため、努力義務が設けられた。	全企業 2019年4月1日〜
4	「割増賃金率」の中小企業猶予措置廃止	月の残業時間が60時間を超えた場合、割増賃金の割増率を50％以上にしなければならないという中小企業には適用が猶予されていた制度が、規模を問わず適用されるようになる。	大企業 適用済み 中小企業 2023年4月1日〜
5	「産業医」機能の強化（事業主の労働時間把握義務含む）	従業員の健康管理に必要な情報の提供が企業に義務付けられ、その一環として事業主に客観的な方法での労働時間把握義務を課す。	全企業 2019年4月1日〜
6	「同一労働・同一賃金の原則」の適用	正規・非正規社員間の不合理な労働条件格差をなくすため、判例で認められてきた「同一労働・同一賃金の原則」が法文化された。	大企業 2020年4月1日〜 中小企業 2021年4月1日〜
7	「高度プロフェッショナル制度」の創設	年収1,075万円以上で、一定の専門知識を持った職種等の労働者を対象に、本人の同意等を条件として労働時間規制や割増賃金支払いの対象外とする制度を導入する。	全企業 2019年4月1日〜
8	「3カ月単位のフレックスタイム制」が可能に	最大で1カ月単位でしか適用できなかったフレックスタイム制が、2カ月単位や3カ月単位でも適用できるようになった。	全企業 2019年4月1日〜

3-2 「掛け声」や「気合い」だけでは何も変わらない

　働き方改革法対応を始めるといっても「定時で退社しましょう！」「有給をできる限り取得しましょう！」などの掛け声だけでは何も変わりません。「そんなことを言ってもうちの部署は忙しいから残業は仕方ない」などと、社員は聞く耳を持たないことがほとんどです。

　かと言って、強制消灯を導入して無理矢理退社させても、イタチごっこです。社外で仕事をしたり、こっそり会社に舞い戻って懐中電灯の明かりを頼りに仕事をしたりしていたなどという「武勇伝」さえ耳にしたことがあります。

　これほど仕事熱心な社員は、企業にとってある意味ありがたい存在ですが、長時間労働は、過労死のリスクにも直結します。ですから、問題の本質的な解決が必要です。

　とはいえ、経営資源に限りがある中小企業では、社員を追加採用して仕事の負荷を分散させたり、コストを支払って外部にアウトソーシングしたりすることは容易ではありません。万策尽きると、労働時間規制の対象外となる経営者や管理監督者が猛烈に長時間労働をするか、あるいは、現状のまま開き直るしかないという「袋小路」に陥ってしまいます。

3-3 HR テクノロジーが働き方改革実現の切り札になる

　このような手詰まり感に対しする打開策こそが、「HR テクノロジー」です。

　HR テクノロジーは、人事労務に関する業務を圧倒的に効率化省人化する可能性を秘めた IT 技術です。HR テクノロジーは、人手を増やさず、大きなコストをかけず、人事労務業務を効率化させます。なぜかはこの後の各章で説明しますが、HR テクノロジーは我が国の働き方改革の土台となる IT 技術であることは間違いありません。

3　働き方改革法と HR テクノロジー

筆者の経営するポライト社会保険労務士法人（以下、「当社」という）では、企業の HR テクノロジーの導入支援に力を入れているとともに、HR テクノロジーを開発している企業とも接点があります。また、当社自身も、社内で複数の HR テクノロジーを活用して、実地検証や社内の働き方改革につなげてきました。本書では、様々な角度から HR テクノロジーに接してきた当社の経験や知識をお伝えしますので、読者の皆様が HR テクノロジーに親しみを持つ一助になれば幸いです。

　また、本書は HR テクノロジーに対する一般的、抽象的な解説にとどまらず、実務の現場で実際に生かすことができる知識やノウハウを提供できる書籍になるように心がけたつもりです。

4 HRテクノロジー導入の積極的メリットと注意すべき死角

3でHRテクノロジーは働き方改革法対応の打開策であると申し上げましたが、実際にHRテクノロジーを導入するにあたって、理由が「働き方改革法案に対応するためしぶしぶ…」ということでは少々さびしいものです。そこで、ここではHRテクノロジーを導入する積極的なメリットについて説明します。

この点、メリットは様々ありますが、大きく整理すると5つに集約されます。その5つを順番に紹介します。HRテクノロジー導入の魅力を大いに感じていただけるのではないでしょうか。

4-1 メリット①：人事労務部門の効率化

第1は、人事労務部門の業務効率化です。これが最も直接的なメリットと言えるでしょう。

例えば、クラウド勤怠管理システムを導入して勤怠を自動集計できるようになれば、人手をかけてタイムカードを集計する工数が不要になります。給与明細をWEBで配信するシステムを導入すれば、給与明細の印刷や配付の工数が不要になります。このような日常業務の工数削減のみならず、採用活動や人事考課などにおいてもHRテクノロジーは効率化に貢献します。

4-2 メリット②：社員の労務管理や福利厚生の質の向上

第2は、社員の労務管理や福利厚生の質の向上です。

例えば、労働時間管理に関するHRテクノロジーが導入されると、

各社員の残業時間をリアルタイムで把握して負荷調整が可能になります。健康管理に関するHRテクノロジーが導入されると、社員の毎年の健康診断の結果をデータベース的に把握して傾向把握を行ったり、健康に不安を感じた社員がチャットで看護師や栄養士などの専門家に質問をしたりするといったこともできるようになります。

4-3　メリット③：企業全体の効率化への波及効果

　第3は、企業全体の効率化への波及効果です。HRテクノロジーはあくまでも人事労務部門の業務効率を改善させるものですが、導入の成功体験ができれば、それを水平展開できます。具体的には、経理部門へのフィンテック導入や、営業部門へのCRM（顧客管理）システム導入などでも再現できるでしょう。労務管理をつかさどる人事労務部門が企業全体の魁（さきがけ）となり模範を示すという意味においても、HRテクノロジーの導入を成功させることは非常に重要な意味を持つのです。

4-4　メリット④：企業の売上や収益への貢献

　第4は、企業の売上や収益への貢献です。HRテクノロジーにより人事労務関係の業務が効率化されれば、人事労務部門のコストは当然下がります。場合によっては、これまで社会保険労務士や給与計算代行業者に外注していた業務を、HRテクノロジーを活用して内製化することで、アウトソーシングのコストを下げることもできます。さらには、人事労務部門が効率化されたことによって生じる人的余力を、営業部門や開発部門など、直接売上や利益に貢献する部門に配置転換で投入することによって、企業の売上や利益の向上につなげることも可能となります。

4-5　メリット⑤：従業員満足度の向上

　第5は、従業員満足度の向上につながるということです。4-4のとおり、HRテクノロジー導入は、社員を増やすことなく企業の売上や利益の向上につなげることができます。その結果、社員に還元できる人件費の余力が生まれますので、賞与や昇給によって従業員満足度を高めることができます。

　また、金銭面での還元だけでなく、生身の人間が行うには肉体的にも精神的にも負担の大きい反復的な単純事務作業をHRテクノロジーで最小化することで、社員はそのような業務から解放され、やり甲斐があり、より人間的な業務に特化することができるようになります。

　さらには、HRテクノロジーによる業務の効率化や標準化は、フレックスタイム制やテレワークを導入するための環境整備などにも役立ち、多様な働き方の実現にも貢献するはずです。HRテクノロジーは、こういった非金銭的な面での従業員満足度の向上にも役立つ可能性を秘めているのです。

　以上がHRテクノロジーを導入した場合の5つのメリットです。HRテクノロジーを導入すると、単なる人事労務部門の効率化だけではなく、このような幅広い波及効果を期待することができます。導入には、表面的な数字以上の費用対効果があると言えるのです。

4-6　HRテクノロジーの死角

　ここまで、HRテクノロジーのメリットに光を当てて説明を続けてきましたが、HRテクノロジーの導入を推奨する者の責任として、その死角も説明しておきます。「HRテクノロジーを導入すれば自動的に解決するわけではない問題点」や「HRテクノロジーだからこそ起こり得る問題点」を3つ説明し、その対応策についても言及します。

① HRテクノロジー導入＝労基法違反のリスク解消ではない

　第1は、HRテクノロジーを導入しても、設定や運用の仕方によっては、労基法違反を犯してしまうリスクは完全にはなくなないということです。

　例えば、HRテクノロジーによる勤怠の自動集計では、15分単位で残業時間を「丸める（切り捨てる）」という設定が可能です。この「丸め」の機能の正しい利用方法としては、「打刻するカードリーダーが出入口に置かれていて、業務終了時刻と職場退出時時刻に差が生じてしまうので、便宜上丸めの設定をしているが、社員から別段の申請があれば1分単位で残業申請を認める」といった形になります。より具体的に言えば、社員から申請がなければ定時から15分以内の打刻は定時に業務終了したとして扱うが、社員から「定時（18時）間際にかかってきた顧客からの電話対応が長引き、業務終了が18時4分でした」という申請があった場合は4分の残業を認めることを妨げない、というイメージです。

　これに対し、「残業集計は日々一律15分単位の切捨てになります」と何の根拠もなく単なる切捨てで集計を行うことは、労基法違反です。残業代は1分単位で集計するのが労基法の原則だからです（ただし、1カ月分集計した残業代を30分単位で切上げ・切捨てすることは例外的に合法）。

　知らず知らずのうちに労基法違反をしていて、その違法状態のままHRテクノロジーの初期設定をしたら、設定自体はできてしまうことが少なくないので、HRテクノロジーによって労基法違反が自動的に解消されるわけではないのです。使う人が気を付けなければ、労基法などの法律に違反した設定や運用もできてしまうということを覚えておいてください。

　これをカバーするためには、是非とも社会保険労務士を活用していただきたいです。「給与計算も人事労務手続もHRテクノロジーに置き換えたから社会保険労務士は不要だ」ではなく、設定や運用が

正しく行われているかのチェックや、改善方法のアドバイスを受けるといった適正な HR テクノロジーの運用に、社会保険労務士の持つ専門知識が役立つのです。

適任の社会保険労務士を探したい場合、人事労務 freee、SmartHR、MF クラウド給与など、認定社会保険労務士制度がある HR テクノロジーについては、運営会社のホームページで調べたり、ヘルプセンターに電話をすれば、紹介を受けたりすることができます。あるいは、社会保険労務士事務所のホームページに認定社会保険労務士である旨のロゴが掲げられていれば、HR テクノロジーに対応している社会保険労務士事務所ということです。

② 設定ミスに気が付かない

第2は、設定ミスに気付きにくいという点です。HR テクノロジーは、多くの人事労務手続を効率化や自動化してくれますが、だからこそ設定を間違えても誰も気付かないまま運用に進んでしまうリスクがあります。ここで言う設定間違いとは、第1の問題点で述べた労基法違反などではなく、手当の払いミスや基本給の昇給反映漏れのような社内的なエラーをイメージしてください。

HR テクノロジーのソフトを利用する場合、正しく初期設定をすれば大半の作業が自動化されるので、ユーザーはソフトが出した集計や計算結果を信じるという形になると思います。たしかに、HR テクノロジーはプログラムにバグがない限り計算ミスを犯すことはありません。しかしながら、「A さんの標準報酬月額は20万円なのに、間違えて22万円と入力してしまった」とか「就業規則では通勤定期代を欠勤控除の日割計算の対象から除いているのに間違えて含める設定にしてしまった」といった初期設定を間違えてしまうと、結果は誤ったものになってしまいます。あるいは、就業規則を変更したのにクラウド勤怠ソフトやクラウド給与計算ソフトの変更を忘れて就業規則と HR テクノロジーの設定に矛盾が生じてしまったとか、昇給や社会保険料の随時改定があった人の情報を従業員マスタ

に反映し忘れたとか、運用開始後の変更点の反映漏れによるエラーも、実務上しばしば見られます。

　反映ミスや反映漏れは、事後的な給与差額の精算や関係する役所への訂正申請など、面倒な作業を発生させますので、可能な限り避けたいところです。そのためには、やはり社内でしっかりと業務フローを作ったり、必要に応じて複数人でチェックをしたり、あるいは社会保険労務士などの専門家に定期的にチェックを依頼するということも選択肢になるでしょう。

③　機械的な対応になってしまう

　HR テクノロジーを導入すると多くの事務処理がクラウド上で完結するため、それゆえに対応が機械的になってしまいがちになります。

　例えば、雇用契約書を取り交わす際、アナログな方法であれば企業と本人が顔を合わせて押印しますが、クラウド上で電子署名を取り交わす形になると、マウスとキーボードの操作だけになってしまいます。紙の契約書に押印するよりも「これから私は入社するんだ」という実感が新入社員に湧きにくいかもそれません。給与明細の交付でも、紙の給与明細ならば社員に声掛けをしながら給与明細を渡すことができますが、WEB 給与明細だとクラウド上にアップロードされた給与明細を本人がログインして見に行くだけになってしまいます。

　このように、HR テクノロジーを導入することによってこれまでの企業と社員の人間的なコミュニケーションが薄められてしまうおそれがあります。効率化は大事ですが、効率化一辺倒ではなく、社内のコミュニケーションを大切にしたいものです。

　そこで、解決策としては、例えば WEB 給与明細の備考欄を活用して上長が「ちょっとしたコメント」を書くなどが挙げられます。人事労務 freee も MF 給与も、コメントを自由に記載できる備考欄があります。WEB 給与明細にアクセスしてコメントを見た部下は

「課長はちゃんと自分のことを見てくれているんだ」と、モチベーションにつながります。あるいは、社内でサンクスカードを贈り合うことができるクラウドソフトも存在します。シンクスマイル社の「ホメログ」、THANKS GIFT社の「サンクスギフト」、Fringe81の「Unipos」などが代表的なサービスとして挙げられるでしょう。

　そして、最も大切なのは、HRテクノロジーの時代だからこそ生身の人間同士のコミュニケーションを大切にするということです。上司が部下のデスクに行って声をかけるとか面談を行うとかの時間は必要であり、価値のある時間です。むしろ、そういった時間を捻出するためにこそ、HRテクノロジーを導入すると言っても過言ではないかもしれません。

　HRテクノロジーによって人事労務業務が効率化されると、まず楽になるのは実作業を行っていた一般社員です。一般社員の手が空いたところに、上司が行っていた仕事で部下に任せられるものを一部移管します。すると、玉突き的に今度は上司の手が空くので、空いた分マネジメントに力を注ぐことができるようになる、というのが理想的な流れです。

　昨今はプレイングマネージャーという立場の上司も増えてきて、自分自身の実務と部下のマネジメントの両立に悩みを抱えている社員も少なくありません。そこにHRテクノロジーを導入するのは、まさに「渡りに船」です。しかしながら、HRテクノロジーが直接的に実現してくれるのはあくまで「効率化」の部分ですから、効率化ゆえに生じるコミュニケーション不足のリスクは、上司たる立場の人が部下との生身のコミュニケーションの時間を確保するなどしてください。

4-7　死角は使い手の努力でカバーすることができる

　HRテクノロジーはまだまだ発展途上な技術ですから、それを使う側が「死角」を意識してコントロールしていかなければなりませ

ん。しかし、「死角」を意識すれば十分にリスクをコントロールできる実用水準に、既に到達しています。

わかりやすく言えば、自動車の自動運転技術と同じです。最近の自動車は、自動ブレーキ、オートクルーズコントロール、車線逸脱防止、急発進防止など、様々な安全機能や快適機能が装備されています。しかし、まだ100％の自動運転が可能になったというレベルには至っておらず、誤作動を起こす可能性もあります。ですから、最終的にはハンドルを握る人間がしっかりとコントロールをすることが必要です。

HRテクノロジーも、100％の人事労務業務の自動化にはまだ時間はかかるでしょうが、システムと人間が補い合いながら運用していくことによって、高いレベルの効率化や正確性を実現することが可能です。

100％自動化が実現するまでHRテクノロジーに手を出さないというのは、100％の自動運転ではないから自動車の安全機能や快適機能はいらないと否定してしまうのと同じで、非常に勿体ないことです。現在時点のHRテクノロジー技術で得られるメリットは既にかなり大きなものになっていますから、まずはHRテクノロジーによる人事労務業務の自動化の世界に一歩足を踏み入れ、自動化の世界に触れてみることが大切なのではないでしょうか。

26　第1章　HRテクノロジーの定義と全体像

5 HRテクノロジー導入は3段階に分けて考える

人事労務に関する業務は多種多様ですが、その中には、HRテクノロジーを導入しやすい業務と導入が難しい業務とがあります。また、企業規模にかかわらず導入したほうがよいものと、企業規模や経営課題に応じて個別検討のうえ導入すべきものがあります。このような点を踏まえ、HRテクノロジーの導入は、次の3段階に分けて取り組むのがスムーズです。

5-1 第1段階：すべての企業で導入したい5つのHRテクノロジー

第1段階は、すべての企業で導入したいHRテクノロジーです。具体的には「勤怠管理」「給与計算」「入社・退社等の人事労務手続」「年末調整」「マイナンバー管理」に関するものが挙げられます。

これら5つは、雇用する社員数にかかわらずすべての企業で必ず必要となる業務です。かつ、これらの業務は定型的な部分が大きいのでHRテクノロジーとの親和性も高いです。加えて、業務効率化の結果が早期に得られるという即効性もあります。また、「入社・退社等の人事労務手続」は、書類作成の自動化だけでなく、そのままシームレスに電子申請を行えば、書類を作成する手間やハローワークや年金事務所の窓口に行く手間も省くことができ、労務担当者の負荷経緯減に大いに貢献します。多くの人事労務担当者が頭を悩ます年末調整やマイナンバー管理も、HRテクノロジーで一気に効率化されます。

本書では、これら人事労務担当者の業務の基礎的な部分を効率化させるHRテクノロジーに特に力を入れて説明をしていきます。

5-2 第２段階：社員数50名以上の企業で導入したい HR テクノロジー

　第２段階は、社員数50名以上の企業で導入したい HR テクノロジーです。50名以上の企業になると、ストレスチェックの実施義務や産業医の選任義務など、労働安全衛生法上様々な義務が発生します。また、事業主や人事責任者の目も社員１人１人にまで行き届きにくくなります。このような状況を踏まえ、社員の健康管理に関する HR テクノロジーの導入を積極的に検討するのがよいでしょう。また、50人以上になると定期健康診断の結果の取りまとめなどの事務作業も大変になってきますので、効率化の観点からも健康管理に関する HR テクノロジーには導入の価値があります。

　50名以上の規模になってくると、採用活動も活発になってくることが多いですが、求人や採用選考のプロセス管理においても HR テクノロジーは役立ちます。また、人事データベースの管理を HR テクノロジーに置き換えると、人事評価や人事異動といったタレントマネジメントに関する業務に関しても効率化され、効率化だけでなく労務管理の「質」の面でもポジティブな効果が見られます。

5-3 第３段階：経営課題に応じて必要な場合に導入したい HR テクノロジー（大企業を想定）

　第３段階は、AI（人工知能）やビッグデータを活用した高度な HR テクノロジーです。導入対象は、基本的には大企業です。一定の前提条件に基づいて AI が採用の合否判定を行ったり、社内外のビッグデータを活用してメンタル疾患の危険性がある社員をピックアップしたりなど、単なる効率化の枠を超えた HR テクノロジーです。まだまだ発展途上の領域であり、コスト的にも中小企業が簡単に導入できるものではありませんので、本書では概要だけの紹介に留めます。

図表1-5-① 段階別 HR テクノジーのまとめ図

段階	対象	HR テクノロジーの領域	詳　細
第1段階	全企業	勤怠管理	電子的方法で打刻された出退勤記録がクラウド上で自動集計され、1か月の所定労働時間や残業時間などが自動で表示される
		給与計算	給与規程や従業員情報などの初期設定を行い、勤怠情報をインポートすれば、機能的に対応できない部分を除き、給与計算が自動で完了する
		年末調整	年末調整に必要な各種情報をクラウド経由で社員から効率的に収集する
		マイナンバー管理	クラウド経由で社員のマイナンバーを安全に回収し、クラウド上のセキュアな環境にマイナンバーを保管する
		人事労務手続	クラウド上に保存された人事マスタに基づき、入社退職、算定基礎届などの人事労務手続書類を自動作成する。電子申請に対応しているソフトもある。
第2段階	50名以上	健康管理	健康診断結果の管理やストレスチェックをクラウド上でなったり、社員が健康相談を行えるチャット機能が利用できたりする
		採　用	効率的に求人を出したり、応募者を管理したりすることができる
		タレントマネジメント	社員の人事異動や人事考課を効率的に行ったり、風通しの良い社風を作ったりするのに役立つ
第3段階	大企業	AI・ビッグデータ	AI やビッグデータを用いて、採用の判断や精神疾患の予兆のある社員の抽出等、単なる効率化にとどまらない高度な HR テクノロジーを導入する

第1章　定義と全体像

第2章　各論

第3章　具体例

第4章　活用例

5　HR テクノロジー導入は3段階に分けて考える

5-4　働き方改革法と第1段階のHRテクノロジー

　繰返しになりますが、働き方改革法では、時間外労働に罰則付きの上限が設けられたり、有給休暇の年5日の付与義務が定められたりするなど、効率的な働き方を前提とした法改正が盛り込まれています。また、使用者の労働時間把握義務も強化されました。このような状況を踏まえ、少なくとも第1段階のHRテクノロジーの導入は、時間軸で考えても急務です。

　例えば、クラウド勤怠管理ソフトで客観的な打刻記録に基づいて労働時間を把握することで、労働時間把握義務はクリアできます。また、月の途中でもリアルタイムで累積残業時間数が表示されますので、素早い業務負荷調整も可能となり、残業の上限を超えないよう上長が部下の残業時間を把握するのも容易です。有給休暇の付与日数管理などもExcelで行おうとすると大変ですが、HRテクノロジーを利用すれば、付与のタイミング、付与日数、残日数などの管理も楽になります。2019年4月から中小企業を含め対応が必要となる年次有給休暇の5日取得義務化についても、クラウド勤怠管理ソフトのKING OF TIMEでは、会社が定めた期限までに5日取得できていない社員をピックアップしてアラートを出すという機能が備わっています。

　働き方改革のため人事労務部門の残業が増えてしまっては本末転倒ですから、HRテクノロジーを活用して、まずは人事労務部門自身が効率的な働き方を実現してください。そして、その成功体験を横展開することで企業全体の働き方改革につなげていくことが理想的です。

5-5　第3段階の先にある未来のHRテクノロジーと人間の判断

　現時点で実用化されている第3段階のHRテクノロジーは、AIが

一定の前提条件に基づき、何らかの「定型的」な判断をするものです。それゆえ、労働トラブルの解決や、社員の給与の決定といったような、非定型かつ高度な価値判断の必要な業務についてまでは、現時点ではHRテクノロジーに置き換えることは困難です。

たしかに、将来的にはAIがさらに発達して、ビッグデータの蓄積をもとに「このようなトラブルのケースではこう解決するのが望ましい」とか「○○さんの給与は××万円が妥当である」といった判断をしてくれる時代が来るでしょう。しかしながら、「人」に関する業務を扱う以上、客観的なデータだけでは割り切れない心情的な部分は決してなくなりませんから、どんなに文明が進んでもすべての業務がHRテクノロジーに置き換わることはないと考えられます。未来の人事労務コンサルティングの現場では、HRテクノロジーが提案した回答や、提示する選択肢に基づき、人間が最終決定を下していくという、いわばハイブリッド型のコンサルティングが主流になっていくのではないでしょうか。

5-6　まとめ

HRテクノロジーは手当り次第に導入するものではなく、企業規模やニーズに応じて、優先度の高いものから段階的に導入してくことがポイントです。

さしあたっては第1段階のHRテクノロジーは働き方改革とも密接な関係にあるため、すべての企業が積極的に導入を検討していくべきです。特に、現在、人事労務担当者がいなかったり、経営者が自らが人事労務業務を行ったりしているような場合は、導入による自動化や効率化が急務です。

5　HRテクノロジー導入は3段階に分けて考える

第2章
HR テクノロジーの各論

　ここからは、第2章として HR テクノロジーの各論に入っていきます。具体的なサービスも紹介しながら各領域の HR テクノロジーを掘り下げていきます。なお、本書は HR テクノロジーの導入について客観的な視点から紹介するものであり、特定のサービスを推奨したり、優劣をつけたりするものではありません。

　まずは、勤怠管理に関する HR テクノロジーからです。

第1章
定義と全体像

第2章
各論

第3章
具体例

第4章
活用例

1 勤怠に関する HR テクノロジー

1-1 勤怠管理とは

　勤怠管理とは、企業が社員の業務開始・終了時刻や、遅刻・早退・欠勤・有給などの時間管理を行うことです。勤怠管理の目的には、大きく分けて次の３つがあります。

---

① 法律上の要請を満たすため
② 給与計算を行うため
③ 社員の健康管理を行うため

　まず、「①法律上の要請を満たすため」についてです。労働基準法で法定帳簿の１つとして出勤簿の作成を義務付けていることに、使用者が労働者の勤怠管理を行わなければならない法的根拠があります。加えて、働き方改革法で「使用者の労働時間把握義務」が労働安全衛生法に加えられましたので、この点も勤怠管理の法的義務を裏付けています。

　次に「②給与計算を行うため」です。時給制の場合は、何時間働いたかがわからないとそもそも給与計算ができません。月給制の場合も、残業代の支払いや欠勤控除額の計算を正しく行うためには、勤怠管理が不可欠です。

　最後に「③社員の健康管理を行うため」です。使用者は労働者に対し、雇用契約に当然に付随する義務として「安全配慮義務」を負っています。安全配慮義務を全うするためには、労働者が長時間労働に陥らないようにすることが必要です。「過労死ラインを超えている人はいないか」「特定の誰かに残業が偏っていないか」など使用者

が把握し、速やかに改善策を講じるためにも勤怠管理は必要です。さらに言えば、企業が安定的に成長し、長期的に業績を伸ばしていくためにも、社員が安心して健康に働くことができる職場環境の構築が必要です。きちんとした勤怠管理を行うことは、そういった職場環境を構築する根幹の1つです。

1-2 厚生労働省が定める勤怠管理手法の基準

勤怠管理の手法は各企業に合った方法でよいのですが、もはや「紙の出勤簿に印鑑を押させるだけ」といった方法が許される時代ではありません。

厚生労働省は、2017年1月20日に策定した「労働時間の適正な把握のために使用者が講ずべき措置に関するガイドライン（以下「適正把握ガイドライン」という）」において、適切な勤怠管理の手法について基準を示しています。適正把握ガイドラインには従来、法的強制力はありませんでしたが、働き方改革法により労働時間の状況の把握が法的義務に格上げされました。

ガイドラインは、適切とされる勤怠管理の手法を「2＋1」のパターンで示しています。「2＋1」という表現を使ったのは、ガイドラインが原則的な方法2パターン、やむを得ない場合の例外1パターンという考え方になっているからです。

① 勤怠管理手法の原則その1

まず原則の1パターン目ですが「使用者による現認」です。使用者が社員の業務開始や業務終了を自らの目で確認して、出勤簿に記録するという、ある意味最も原始的な方法です。「使用者」には、社長本人だけでなく、社長から権限を委ねられた管理職なども含めてよいこととされていますが、よほど小規模な企業でなければ、1人1人の勤怠を目視で管理するというのは現実的ではありません。

1　勤怠に関するHRテクノロジー　35

② 勤怠管理手法の原則その２

原則の２パターン目は「タイムカード、ICカード、パソコンの使用時間の記録等の客観的な記録を基礎として確認し、適正に記録すること」です。イメージとしては、職場の出入口などにタイムレコーダーを置き、打刻された時刻を基本として残業代の計算や遅刻・早退などの控除を行うような形です。たしかにこの方法は客観性も高いですし、使用者が目視する手間もかかりません。

しかし、この方法をとる場合は「打刻≒業務開始 or 終了時刻」でなければなりませんので、タイムカードの打刻に厳密なルールを設ける必要があります。例えば、「業務終了後は直ちにタイムカードを打刻し職場から退出すること」「業務開始時刻の15分以上前には職場に入場しないこと」「業務開始時刻までパソコンを立ち上げないこと」といった、いわば「お堅い」ルールを設けなければなりませんので、良くも悪くも「融通が利かなくなる」という側面があります。合法的・客観的な労働時間の管理方法としてはベストな反面、極端な例では「業務開始時刻直前にならないと職場に入場させてもらえないので寒空の下で待たなければならない」とか「30分残業をする同僚を待ってから一緒に飲みに行きたいのに、職場内で待たせてもらえない」といった、社員にとって不便なことが起こり得るというデメリットも想定されます。

③ 勤怠管理手法の例外

最後に、例外とされている１パターンですが、これは「自己申告制により始業・終業時刻の確認および記録を行う」という形です。自己申告制はサービス残業の温床になる可能性があるため、厚生労働省としては推奨していないということになるのだと考えられますが、実務上は現に多くの企業で採用されています。

この点、筆者独自の分類になりますが、自己申告制による勤怠管理には「ブラック型」と「ホワイト型」があると考えられます（詳

細は後述）。厚生労働省が非推奨としているのはあくまで「ブラック型」の自己申告制であり、「ホワイト型」の自己申告制までを非推奨とする意図ではないはずです。

「ブラック型」の自己申告制とは、残業時間数に上限を設けて上限以上の残業申請をさせないようにしたり、適正に自己申告がなされていないのを知りながら使用者が黙認したりしているような自己申告制です。

これに対し、「ホワイト型」の自己申告制は、正しく運用されることが担保された自己申告制です。具体的には、職場の入退場記録な

図表2-1-① 勤怠管理手法の原則と例外

区分	手法		メリット	デメリット	評価
原則	使用者が現認する		社員数が少ない場合に限れば簡便である	・使用者の負担が大きい ・社員が多くなると現実的ではない	△
	客観的記録に基づく		打刻ルールを整備すれば、正確な勤怠を把握しやすい	・打刻ルールが守られないと、始業前・終業後の時間も労働時間になってしまう ・打刻ルール厳守のため、逆に社員に不便が生じる可能性	○
例外	自己申告制	ホワイト型	労使双方がルールを守れば、工数をかけず合理的な勤怠管理を行うことができる	・ルールを無視する管理者や社員を発生させないような仕組みおよび社内教育が必要	○
		ブラック型	労働法違反なのでメリット・デメリット以前の問題として、適用不可		×

1　勤怠に関するHRテクノロジー

ど客観的な何らかの記録や打刻との組合わせで勤怠管理が行われていたり、残業は事前申告制を原則として、残業申請が出ていない社員には管理者が帰宅命令を出すことを徹底したりしている自己申告制です。

このように、勤怠管理手法を表に整理してみましたが、ある程度の規模の企業で運用を無理なく行えるのは、原則パターンの「客観的記録に基づく勤怠管理」か、例外パターンの「ホワイト型の自己申告制」の2つのうち、いずれかではないかと考えられます。実際に実務の現場を見ても、このようなパターン分けを意識しているかどうかは別として、タイムカードやExcelの出勤簿などを使って、この2つのいずれかに近い形で勤怠管理を行っている企業が多いようです。

1-3　勤怠管理に関するHRテクノロジー

ここまで勤怠管理の手法について見てきましたが、タイムカードにせよExcelの出勤簿にせよ、人事労務部門が勤怠の集計に苦労をしているという話をよく聞きます。タイムカードの打刻漏れが集計途中で見つかるとか、紙やExcelの出勤簿を本人が期限までに出してくれないので督促が大変といったような内容です。

勤怠管理は正しい労務管理を行うために必須ですが、そのために人事労務部門が長時間労働に陥ってしまうということがあっては本末転倒です。そのようなことにならないよう、是非とも活用したいのが勤怠管理に関するHRテクノロジー（以下、「クラウド勤怠管理ソフト」という）です。クラウド勤怠管理ソフトでは、各社員の勤怠の打刻がクラウド上で自動集計されますので、人力での集計の手間を省くことができます。初期設定をきちんと行えば、フレックスタイム制や裁量労働制に対応した集計も自動で行ってくれます。また、集計されたデータは、そのまま給与計算ソフトに流し込むことも可能です。

1-4　クラウド勤怠管理ソフトで勤怠管理の何が楽になるか

　下図は、クラウド勤怠ソフトを活用すると勤怠管理の業務がどのように楽になるかのイメージを表現したものです（図表2-1-②）。より具体的に言いますと、クラウド勤怠ソフトを導入することで、効率化されるのは主に次の4点です。

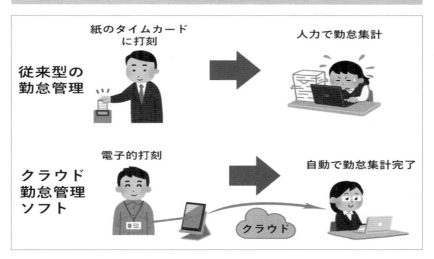

図表2-1-②　クラウド勤怠管理ソフトによる業務負担軽減イメージ

① 日々の打刻作業の効率化

　第1は、各社員の日々の打刻作業の効率化です。

　紙の出勤簿に記入や押印をしたり、Excelに手入力したりする作業がなくなり、交通系ICカードや社員証などのカードをリーダーにかざす、スマートフォンやデスクトップのアプリで出勤・退勤ボタンを押す、職場へ入退場するためにドアを開閉する、といったことで自動的に勤怠が記録されるようになります。

② 打刻漏れ修正の効率化

第2は、打刻漏れ発生時の修正の効率化です。

勤怠集計において担当者がよく頭を悩ませているのは、打刻漏れです。紙のタイムカードで1箇所ずつ目視により打刻漏れを確認するのは、大変な作業です。Excelで自己管理して月末に提出させるようなケースにおいても、提出されたデータに打刻漏れなどのエラーがないかを担当者がまとめて確認しなければならないので、負荷が集中して残業の原因になったりもします。クラウド勤怠ソフトで勤怠打刻をしていれば、打刻漏れがあった場合にはシステムがアラートを出してくれます。担当者は、アラートに従って打刻漏れがある社員を発見し、修正申告をするよう指示をすればよいということになります。

③ 勤怠集計の効率化

第3は、勤怠集計の効率化です。

紙のタイムカードの場合は電卓を叩くなどして手集計が必要ですが、クラウド勤怠ソフトは初期設定と打刻を正しく行えば、ソフトの性能にもよりますが、「所定内労働○時間、時間外労働○時間、休日労働○時間」というように、自動でその月の労働時間を集計してくれます。

④ 給与計算ソフトとの連動による効率化

第4は、給与計算ソフトとの連動による効率化です。

昔ながらの方法ですと、紙やExcelで集計した労働時間を給与計算ソフトや他のExcelファイルに転記して給与計算を行っていました。クラウド勤怠管理ソフトを使うと、「API」という技術を使って全自動でクラウド勤怠ソフトのデータを給与計算ソフトに連携させたり、「CSV」という形式のファイルでダウンロードしたデータをそのまま給与計算ソフトにアップロードしたりすることで、勤怠集計

結果を自動的に給与計算ソフトに取り込むことができます。その結果、転記作業の手間も転記ミスなくなり効率化が図れます。

※「API」「CSV」については、クラウド給与計算ソフトのところで詳しく説明します（52頁参照）。

1-5　選 び 方

　クラウド勤怠管理ソフトの分野では、「KING OF TIME」「バイバイタイムカード」「ジョブカン」「AKASHI」「IEYASU」「スマレジ・タイムカード」など、様々なサービスが提供されています。出退勤時刻を記録するという基本的な機能はどのサービスも同じですから、打刻方法や操作画面、利用料金などを踏まえ、自社に合ったものを選んでいただければ問題ありません。ただし、サービス数が多すぎてどれを選んで良いかわからないという企業も少なくないかもしれませんので、選定の視点をいくつか述べさせていただきます。

①　シェア率で選ぶなら

　まず、シェアNo 1 のソフトを選んでおきたいということであれば、「KING OF TIME」になるでしょう。KING OF TIME は2004年からクラウド勤怠ソフトを開発してきた歴史があり、現在は自社ブランドだけではなく、他社への OEM 供給もしていて、デジジャパン社の「Touch On Time」や、リクルート社の「リクナビ HRTech 勤怠管理」などへ提供実績があります。

　また、変形労働時間制やフレックスタイム制などの多様な勤務体系への対応や、カードリーダー、指紋認証など複数の打刻方法への対応、電話サポートセンターの充実などを踏まえても、有力な候補の 1 つになります。

　なお、社員数1,000人以上の大企業に限って言えば、ネオレックス社の「バイバイタイムカード」がシェアNo 1 です。KING OF TIME と同様に多様な打刻方法が可能なことはもちろんですが、数多くの

部署や事業所を持つ大企業のニーズに応えた導入時の丁寧な支援が評価を受けているということです。

② 自社の特徴に合うものを選ぶなら

別の考え方として、自社の特徴に合うものという観点から選ぶのも一手です。

例えば、飲食店のように笑顔で接客することが大切な企業であれば「スマレジ・タイムカード」が向いているでしょう。スマレジ・タイムカードでは、顔認証をするタイムレコーダーの前で笑顔の表情を作ることによって出勤の打刻をすることができます。

③ 導入コストを抑えたいなら

まずは無料からスタートさせたいということであれば、「IEYASU」が選択肢に入ってきます。無料と言うと「タダより高いものはない」とか「安かろう・悪かろう」という印象を持ってしまうかもしれませんが、IEYASU はしっかりとした機能が備わっているクラウド勤怠ソフトです。

なぜ無料にもかかわらずしっかりとしたシステムを提供できているかというと、IEYASU は、社員が各自インストールする勤怠打刻アプリに広告を表示させるなど、広告収入で収益を確保することを想定したビジネスモデルを構築しているからです。大変ユニークなビジネスモデルです。

年次有給休暇の自動付与などの応用機能や、メールでのサポートを受けるためには有料プランの契約が必要ですが、まずはゼロコストでクラウド勤怠管理ソフトを体験してみたいという場合は、IEYASU を検討してみるとよいでしょう（なお、スマレジ・タイムカードも30名までは無料プランあり）。

④ サポートの充実したものがおススメ

もう1点、クラウド勤怠管理システムを選ぶにあたっての観点と

して重要なのは、サポート体制です。初期設定時やシフト作成時、打刻エラーの修正時など、しばしば操作がわからなくなる場合が想定されます。そんなときどれくらいサポートが充実しているか、特に、電話サポートに対応しているかが、かなり重要です。この点、KING OFTIME、ジョブカン、「クラウザ（タイムカードの AMANO が提供しているクラウド勤怠管理システム）」など、比較的規模の大きい事業者が提供しているサービスに電話サポートが付いていることが多いようです。なお、単に電話サポートの窓口があるからというだけで安心せず、実際のつながり具合も確認した上で、導入判断の材料にしましょう。

　もちろん、電話サポートがないから悪いサービスというわけではありません。メールやチャットのサポートに絞ることでコストダウンを図っていたり、わかりやすいインターフェースやヘルプページの充実でユーザーサポートをしようと考えている事業者もあったりしますから、電話サポートの有無だけにとらわれず、自社の使いやすいシステムを導入してください。

　いったん導入するソフトを決めたら、安易に変更することはお勧めしません。それぞれのソフトでインターフェースや操作方法は異なりますし、担当者がソフトの使い方を覚え直すのは大変ですので、よほどのことがなければ変えるのは避けるべきでしょう。

1-6　初期設定のハードルを乗り越えて運用を軌道に乗せよう

　クラウド勤怠管理ソフトは、運用を開始さえすればメリットが大きいことは間違いありませんが、実は、「導入時」のハードルが意外と高いことに注意が必要です。その理由は、初期設定の難しさです。

　ソフトを稼働させるには、自社の社員情報と勤務体系の登録を行わなければなりません。社員情報は、社員数が多くなければ力づくでも何とかなりますが、数百人とか千人規模の企業ですと、社員情

1　勤怠に関する HR テクノロジー

報の登録だけで一苦労です。

　そして、初期設定の「本丸」として、勤務体系の登録で苦労する可能性が高いです。所定労働時間や休憩時間の登録に始まり、シフト制の場合はシフトの登録、正社員とアルバイトで勤務体系が異なる場合は社員の種類ごとの勤務体系の登録、打刻時刻をそのまま勤怠集計に使うのか一定のルールに基づいて「丸め」を行うのかなど、様々な設定を行わなければなりません。

　ですから、自力での初期設定に自信がない場合は、導入支援サービスを行ってくれるか、少なくとも電話でのサポートが受けられるソフトを利用するのが無難でしょう。顧問社会保険労務士がいる企業であれば、顧問社会保険労務士が操作に慣れていてアドバイスが受けられるソフトを導入するのも良い考えです。

　初期設定さえ乗り切れば、あとは日々の打刻だけで運用は楽ですので、何とか頑張って、初期設定のハードルを乗り越えてください。

1-7　就業規則や実務運用をクラウド勤怠管理ソフトに合わせるという発想が必要

①　就業規則に100％フィットするソフトはない

　クラウド勤怠管理ソフトの導入にあたってよく突き当たる壁は「当社の就業規則ではこのようなルールになっているが、ソフトが対応していなくて設定ができない」ということです。かと言って別のソフトを検討しても、そのソフトでは違う個所で対応できておらず、二転三転した挙句「どのソフトも当社の就業規則に対しては不完全なので、導入は当面見送ろう」という結論に至るのは、しばしば目にする光景です。

　この点については、発想の転換が必要です。フルオーダーで何百万円、何千万円をかけてゼロから自社専用のシステムを組まない限り、自社の就業規則にピッタリと合った勤怠管理システムは構築で

第2章　HRテクノロジーの各論

きません。スーツを購入する場合をイメージしてみてください。既製品のスーツで完璧に自分の身体にフィットするものを見つけることは至難の業です。自分の体型になるべく近いスーツを見つけて、袖の長さを直したりスラックスのウエストを調整したりして、要所要所をアジャストさせて身に付けていると思います。完璧にフィットするスーツを求めるならば、それなりの対価を支払ってオーダーメイドのスーツを仕立てなければなりませんが、コストとのバランスも含め、多くの人はスーツにそこまでは求めません。

② 細部の運用はソフトに合わせて活用する

　クラウド勤怠ソフトもこれと同じで、「肝」となる項目が管理できるのであれば、細部については就業規則や実務運用のほうをソフトに合わせていくという発想が必要です。おおむね自社に合うシステムが見つかったならば、そのシステムを使って最大限効率的に勤怠管理ができるようにしていくべきです。

　勤怠に関する HR テクノロジーに限らず、HR テクノロジー全般に言えることですが、HR テクノロジーに求めすぎるのではなく、企業のルールを HR テクノロジー側に合わせられるところは合わせていく、という柔軟な姿勢で付き合っていくことが導入成功のポイントになります。

　そもそも、HR テクノロジーのサービス自体が「一般最適化された高性能なソフトをクラウド上で多数のユーザーに安価に使ってもらうことで成り立つ」というビジネスモデルであるため、提供者と利用者が心地良い関係であるためには、利用者側も HR テクノロジー側に歩み寄ることが不可欠です。歩み寄るからこそ、高性能なソフトを安価に利用することができるという視点を忘れてはなりません。ただ、HR テクノロジーも日々進化をしていますので、これからどんどんシステムの柔軟性が増したりできることが増えたりしていくと思いますから、利用者が現時点で多少の不便を感じていても、将来的には「時が解決する」というケースは少なくないでしょう。

1-8 管理するのは「出社・退社」か「始業・終業」か？

　クラウド勤怠管理ソフトの導入にあたり、よく疑問点にあがるのが「出勤時の打刻時刻から退勤時の打刻時刻までを集計すると、分単位で微妙な残業時間が集計されてしまうが、この微妙な残業時間は切り捨ててよいのか？　それとも残業代として支払うべきなのか？」ということです。

　この点に関しては、絶対的な正解はなく、合法的かつその企業に合ったルールを、個別に考えていかなければなりません。

　例えば、午前9時から午後6時（休憩1時間）までが所定労働時間の企業で、午前8時52分と午後6時5分に打刻があった場合、この日は早出8分＋残業5分で合計13分の時間外労働があったと考えるべきかどうかということを例題にして考えて、みましょう。

① 入退場時刻の記録として使用する場合

　この点、タイムレコーダーが職場の出入口に設置されていて、クラウド勤怠管理システムはあくまで職場の「入退場」の時刻を管理するものであり、業務命令や申請があった場合を除き早出や残業を認めないというルールを徹底している職場であれば、別段の申請がない限り13分の時間外労働を認める必要はありません。厚生労働省の勤怠管理パターンで言えば、例外パターンの自己申告制の一種ということになります（36頁参照）。

　定時と勤怠打刻のタイムラグが朝8分、帰り5分ということであれば、社会通念上もタイムラグは大きくないので、早出や残業はなかったという合理的推定が働くのです。

　ただし、タイムラグが30分とか1時間といった大きなものであれば、管理者は放置せず、本人から申請がなかったとしても定時と打刻がずれた理由を確認し、残業の申請漏れであれば適正に申請するよう指導しなければなりません。本人からの残業申請がなかったこ

とを「これ幸い」と、実際は発生していたであろう残業を集計しないのは、厚生労働省が否定しているブラック型の自己申告制に他なりません。

② 業務の開始・終了時刻の記録として使用する場合

職場の自席のパソコンの電源のオン・オフが勤怠の打刻と連動しているようなシステムであれば、パソコンの電源のオン・オフと業務の開始・終了には密接な関係がありますから、「クラウド勤怠ソフトの打刻時刻＝始業・終業時刻」として扱うべきでしょう。厚生労働省の勤怠管理のパターンで言えば、原則パターン2つ目の「客観的記録に基づく」勤怠管理です。

クラウド勤怠管理ソフトの導入で失敗が多いのは、打刻に関する明確なルールを定めず、打刻された時刻がどのような意味を持つのかを曖昧にしたまま、見切り発車で運用を開始してしまうことです。クラウド勤怠管理ソフトを運用する場合は、打刻時間をどのように時間外労働に反映させるかなど勤怠集計に関するルールを決め、そのルールに沿ってソフトの初期設定を行うことが、正しく運用をスタートさせるためのポイントです。

1-9　定着の肝は打刻漏れを防ぐこと

どのような打刻方法であれ、クラウド勤怠管理ソフトを社内で運用していくにあたっての大敵は「打刻漏れ」です。せっかくクラウド勤怠管理ソフトを導入しても、打刻漏れだらけではその確認や修正に多くの時間を取られることになり、勤怠管理の効率化が実現できません。ですから、クラウド勤怠ソフトによる勤怠管理をきちんと社内に定着させるためには、社員に打刻を習慣付けることに尽きます。

① 打刻漏れ対策その１

　当社の勤怠管理においては、KING OF TIME のカードリーダーで職場への入退場の打刻をしていますが、物理的な意味での打刻漏れを防ぐ仕掛けとして、事業所の出入口のよくわかる場所にカードリーダーを置いています。以前は休憩スペースの片隅に置いていたのですが、社員の出退社時の動線からやや外れた場所だったので、それが打刻漏れの一因になっていました。事業所の出入口に置いて以降、打刻漏れは大幅に減りました。ですから、クラウド勤怠ソフトを導入する場合には、カードリーダーや指紋認証機器を可能な限り従業員の出退社の動線上で目に付きやすい場所に設置してください。

② 打刻漏れ対策その２

　そして、物理的な意味で打刻漏れを防ぐ仕掛けをするだけでなく、社員に意識させることも必要です。「出社時と退社時に必ず打刻してください」と呼びかけるだけでは足りません。正しく打刻することで自分の給与が正しく支払われるということや、打刻漏れの修正には手間がかかるので労務管理担当者の仕事を増やして迷惑をかけ、企業の業務効率を落とす一因になるということまでしっかりと伝え、自覚させることが必要です。自分の打刻漏れが、同僚に迷惑をかけたり企業の生産性を悪化させたりしていることを自覚すれば、通常の常識を持つ社会人であれば打刻漏れを起こさないよう細心の注意を払うはずです。

③ 打刻漏れ対策その３

　それでも打刻漏れがなくならない社員がいる場合は、企業のルールを守らないことを事由として懲戒規定を適用し、始末書を書かせるなどの荒療治も必要になってきます。就業規則を改定して服務規律に「社員は、出社時と退社時に企業が定めるルールに従ってクラ

ウド勤怠管理ソフトで自ら打刻を行わなければならない」と規定したり、懲戒規定の懲戒事由に「クラウド勤怠管理ソフトでの出退勤の打刻を怠った場合」を加えたりしておくのが効果的です。1回でも打刻漏れをしたら始末書を書かせる、というのはやり過ぎですが、社員に意識付けをするという意味において、打刻漏れが懲戒事由であることを就業規則に明記することは、打刻漏れ防止に間違いなく役立ちます。

1-10 給与計算ソフトとの連携は「後工程はお客様」の考えで

　トヨタの生産方式の有名な格言の1つに「後工程はお客様」というものがあります。自動車の製造は流れ作業で行われるので、自分の工程に不手際があると、次の工程の作業者に迷惑をかけてしまうから、次の工程を担当する同僚のことをお客様のように考えて、自分の工程の仕事をしっかりと対応するようにしましょう、という思想が込められた言葉です。勤怠集計と給与計算の関係には、まさにこの言葉が当てはまります。

① 不正確な記録は確実に修正しておく

　勤怠集計の担当者は、毎月の勤怠を締めるにあたって、打刻漏れや打刻間違いがあった場合、確実に修正した上で、給与計算担当者にデータを渡しましょう。給与計算担当者が計算を開始した後にちょこちょこ修正や追加が入ると非常にストレスがかかりますので、後工程の給与計算担当者が効率的に仕事をこなすためには、勤怠集計担当者の責任は重大です。

② 細心の注意を要する「打刻間違い」

　なお、勤怠集計にあたって、打刻漏れよりもこわいのは打刻間違いです。打刻漏れは空欄になっているし、システム側が打刻漏れのアラートを出してくれたりもするので発見しやすいです。しかし、

出勤時刻が退勤時刻として打刻されていたとか、勤怠修正の際に誤って別の人の記録を修正してしまったというようなエラーは、見落としがちです。将来的に AI を組み込んだクラウド勤怠ソフトが発売されれば、異常値に対してアラートを出してくれる機能も備わるかもしれませんが、現時点においては、この点は人の手で細心の注意を払ってチェックをするしかありません。

　このように、HR テクノロジーを導入しても人力の作業が残る部分はどうしてもありますので、何もかも自動化されるという時代はもう少し先になりそうです。

　クラウド勤怠管理ソフトは、仕組みが社内に定着すればその後はスムーズに業務が流れるようになりますが、ソフトの選定に始まり、初期設定、日々の打刻の徹底など、乗り越えなければならない山がいくつかあります。導入段階での難易度は比較的高い HR テクノロジーですが、導入に成功すれば得られるものも大きいです。

2 給与計算に関する HR テクノロジー

2-1 給与計算とは

　まずは、給与計算とはどのような業務であるかを確認しておきましょう。皆様が毎月受け取っている給与明細をイメージしていただきたいのですが、給与計算は「勤怠」「支給」「控除」3つの要素から成り立っています。

　「勤怠」は所定内労働時間数、残業時間数、欠勤日数、有給使用日数など、給与の支給額を決定するために必要な元データです。紙のタイムカードなどを使っていると手作業で集計したものを給与計算ソフトに打ち込むなどの手間が発生します。しかし、クラウド勤怠管理ソフトを導入していれば、集計済みの勤怠データが給与計算ソフトに自動的に連携されるので、「勤怠」に関する給与計算作業上の手間は実質ゼロになります。

　「支給」は勤怠データをもとに残業代や欠勤控除（欠勤控除は一般的に支給欄にマイナスで記入する）などの金額を求め、総支給額（いわゆる「額面」）を計算する作業です。

　「控除」は額面から天引きする厚生年金保険料、健康保険料、雇用保険料、所得税、住民税などの金額を確定させる作業です。

　「支給」と「控除」を確定の上、最後に「支給－（マイナス）控除」の計算をすれば差引きの手取額がわかるということになります。これが給与計算の一連の流れです。

2-2 給与計算に関する HR テクノロジー

　給与計算に関する HR テクノロジー（以下「クラウド給与計算ソ

フト」という）は、給与計算のプロセスの大部分を自動化させます。電卓を叩いたり税額表を確認ながら給与計算を行ったりしていた世界からは大きく進化します。既にパッケージ型の給与計算ソフトを導入し、ある程度の自動化が進んでいた企業も、給与計算に関するHRテクノロジーを導入することでさらなる効率化が期待されます。

2-3 クラウド給与計算ソフトで給与計算の何が楽になるか

① 「勤怠」で楽になること

クラウド勤怠管理ソフトのところでも触れましたが、クラウド勤怠管理ソフトによって集計された勤怠データは、API連携やCSV経由で簡単にクラウド給与計算ソフトに取り込むことができます。APIとCSVの説明は下記に補足しておりますが、両者ともデータ連携に使う仕組みであり、APIのほうが便利、と理解しておけば大丈夫です。

> ※ API：Application Programming Interface の略で、異なるソフトウェア間でワンクリックでデータを直接やり取りする仕組み
> ※ CSV：Comma Separated Values の略で、カンマで区切られたデータファイルで、異なるソフトウェア間でアップロードやダウンロードをして、従業員情報や勤怠情報などのデータの授受をすることができる仕組み

APIやCSVを用いると、人の手作業によるデータの転記・入力が不要になりますので、作業が楽になるだけでなくヒューマンエラーの発生を回避することができ、精度も上がるということになります。ただし、連携をスムーズに行うには初期設定が肝心です。APIやCSVでの連携は、従業員番号などで同一人物性を確認していますので、勤怠管理と給与計算とで共通の従業員番号を振るなど、連携がスムーズにいくようルールを定めてそれに沿った対応を

してください。

　また、ソフトの選定にあたり、それぞれのソフトをAPIやCSVで連携させることができるのか、ということは重要なチェックポイントの1つです。システムやソフトの提供者が正式に連携していることを表明している組合わせを導入することが間違いありません。

　クラウド給与計算ソフトの「2大勢力」である人事労務freeeとマネーフォワードクラウド給与（以下、「MF給与」という）について、2019年3月現在連動しているクラウド勤怠ソフトをまとめてみました。

　このように比較して見ていくと、MF給与のほうが人事労務freeeよりも連携しているクラウド勤怠管理システムは多く、API方式で連携しているシステムの数も多いです。ただし、これだけで一概に優劣をつけることはできず、戦略の違いによるものです。MF給与はソフト内に簡易な勤怠管理機能を持っていますが、勤怠管理は外部連携が基本です。これに対し、人事労務freeeは自社サービス内

図表2-2-① 給与ソフトとクラウド勤怠ソフトの連携

給与ソフト	連携方式	連携するクラウド勤怠ソフト
人事労務freee	API	KING OF TIME、Touch On Time、勤革寺
	CSV	CLOUZA、ジョブカン、スマレジTIME CARD、AKASHI タブレットタイムレコーダー、CREW CHECKER シュキーン、レコル
MF給与	API	KING OF TIME、ジョブカン、CREW CHECKER Touch On Time、AKASHI、レコル、勤革時
	CSV	CLOUZA、スマレジTIME CARD、Aipo.com、ちゃっかり勤太くん、タブレット タイムレコーダー シュキーン、レコル、ジョブカン

（2019年3月1日現在）

で専用のクラウド勤怠管理システムに準ずる勤怠管理機能を持っているため、自社ソフトによる勤怠管理サービスの充実と外部連携をバランス良く図っていこうとしているのだと考えられます。

　人事労務 freee は、1つのソフトで勤怠・手続き・給与計算が完結する世界を目指しています。対する MF 給与は、基本的には給与計算に特化し、勤怠や手続きは他社との連携を図っていく戦略をとっています。人事労務 freee か MF 給与かで迷っている方は、両社の目指している方向性のうち、どちらに共感できるかが決め手になるかもしれません。ただ、直近の動きとしては、人事労務 freee が SmartHR と API 連携（2019年1月21日）をしたり、マネーフォワード社が MF 給与の兄弟ソフトとして「マネーフォワードクラウド勤怠」をリリース（2019年3月5日）したりと、これまでと違った動きも見られますので今後の両社の動きが注視されます。

②　「支給」で楽になること

　給与計算の「支給」の項目を計算するにあたり、残業代の発生、欠勤や遅刻の控除、月の途中で入社や退職があった場合の日割計算、昇給、通勤手当の変更など、様々な計算が発生します。これらの計算を、いかにスムーズに、正確に行うことができるのか、ということが給与計算の効率化のポイントの1つです。

　入力された勤怠集計の結果に基づいて残業代や欠勤控除などの金額の自動計算を行ってくれる点は、従来のインストール型のソフトもクラウド型のソフトも同じなので、クラウド型のソフトが誕生したからと言って目新しいことはありません。

　この点、クラウド型のソフトではマスタの変更が楽になります。インストール型のソフトの場合、給与計算は、ソフトがインストールされた1台のパソコンで行わなければなりません。そのため、変動項目に関する情報が五月雨式に給与計算担当者に集まり、給与計算担当者はそれらの情報を漏れなく給与計算ソフトに入力することに四苦八苦してしまいがちです。これに対し、クラウド型のソフト

では、権限を与えられた人は、どこからでもソフトにログインをしてマスタなどの変更を行うことが可能です。

ですから、給与計算担当者が給与計算を始める前に、通勤手当の管理担当者、昇給や諸手当の管理担当者、歩合給の計算担当者などが、それぞれ担当している情報を直接ソフトのマスタに反映させることで、いちいち給与計算担当者に負担をかけることなくマスタをアップデートすることができます。給与計算担当者は、既に更新が終わっているマスタに基づき実際の計算のステップに進んでいけますので、負荷の分散と業務の効率化を図ることができます。

また、社員数の多い企業では、定期昇給の時期などは何百人、何千人ものマスタを変更しなければなりません。このような場合も、クラウド給与計算ソフトであれば、「私は本社とA支店のマスタを更新するので、あなたはB支店とC支店、そちらのあなたはD支店とE支店のマスタを更新してください」というように、複数人で手分けをして同時並行でマスタの更新作業を進めることができますので、特定の人に残業が集中することによる過重労働の回避も可能になります。

デメリットとして、複数人でマスタを編集していると、誰がどこを更新したのかがわからなくなってしまうおそれがあります。ですから、社内各所から上がってくる変更点をいったんExcelやGoogleのスプレッドシートなどに集約し、1人の担当が一括して集約された変更情報をマスタに反映させるという業務フローも、考え方としては一理あります。実際、当社では、よほど少人数で変更点の少ない企業を除いて、顧問先の給与計算にあたり、「給与連絡表」というExcelまたはスプレッドシートの表を使って変更点を集約した上で、担当者が一括してマスタに反映させる手法をとっています。

マスタの更新が終われば、8割から9割は給与計算ソフトが自動で給与の総支給額の計算を行ってくれます。残る1割から2割は、クラウド型かインストール型かにかかわらず、どうしても手計算が残ってしまうことがあります。ほとんどの給与計算ソフトで「月の

2　給与計算に関するHRテクノロジー

途中で入社・退職があった場合の日割計算」や「固定残業代が付く人の残業代の計算」には対応できていないからです。現在のところ、こういった部分はExcelやスプレッドシートなどで計算式を組んで手計算をするしかありません。しかし、例えば2017年に人事労務freeeが固定残業代の一部のパターンの自動計算に対応したように、クラウド給与計算ソフトは日々進化して自動化できるプロセスが順次増えていますので、さらなるソフトの進化を見守っていきたいところです。

③ 「控除」で楽になること

「控除」の項目においては、基本設定のアップデートの面で楽になります。控除項目のうち、厚生年金保険料こそは2017年9月分以降法改正がない限り固定ですが、健康保険料、介護保険料、雇用保険料は毎年見直しが行われます。また、源泉所得税の計算も毎年更新される「月額表」や「日額表」に基づいて行うこととなっています。

インストール型のソフトの場合は、保険料率や税額の変更に対応するため、毎年ソフトを買い替える、更新プログラムをダウンロードする、手動で修正する、などの対応が必要でした。クラウド型のソフトの場合は、これらの変更が自動で行われます。

④ 給与明細の配付も楽になる

給与計算が完了したら、給与の支給日までに給与明細を配付する必要があります。現在も紙で配付している企業が多いと思いますが、クラウド給与計算ソフトには、通常WEB給与明細の発行機能が備わっています。従業員各人にIDとパスワードを付与しておけば、自分のページにログインをすることで給与明細を閲覧できるようになります。ログインは、WEBブラウザか、スマートフォンのアプリが開発されているソフトであればアプリからログインすることも可能です。

給与明細をWEB化することで、印刷と配付の手間が削減されま

す。特に支店や営業所が沢山ある企業では、それぞれに郵送すると
いった手間も発生しているでしょうから、その手間も含めて解消さ
れることになります。また、ミシン目の付いた専用紙を使って給与
明細を印刷・配付している場合は、専用紙や印刷のコストも発生し
ていたわけですが、給与明細を WEB 化することでコスト削減にも
つながります。

　ところで、給与明細は紙で配付しなければならないのではない
か、と疑問を持つ方もいらっしゃると思います。この点、結論から
申し上げて、給与明細を WEB 化することは、正しく手順を踏めば
合法です。

　まず、労働基準法上、給与明細の交付義務を定めた条文は存在し
ません。行政通達により、少なくとも振込により給与を支払う場合
は計算書の交付が必要であると指導がされているものの、行政通達
なので法的強制力まではありません。

　また、労働保険徴収法、健康保険法、厚生年金保険法には、給与
から天引きした保険料の計算書を社員に交付しなければならない旨
の定めがありますが、必ず書面で交付すべきとまでは書かれていま
せん。所得税法では給与の明細書を書面で交付することを原則とし
つつも、社員の同意がある場合は電子的方法による交付を認めると
いう定め方をしています。

　ですから、所得税法上の規制をクリアするために社員の「同意」
を得ておけば、WEB 給与明細は関連する他の諸法令に照らし合わ
せても合法ということになるのです。実務上の運用としては、入社
時の誓約書や雇用契約書などに「WEB による給与明細の交付に同
意します」という項目を入れておけばよいでしょう。

平10.9.10　基発第530号（労働基準法関係の通達から抜粋）
　使用者は、口座振込みの対象となっている個々の労働者に対し、
所定の賃金支払日に、次に掲げる金額等を記載した賃金の支払いに

関する計算書を交付すること。

（1）基本給、手当その他賃金の種類ごとにその金額

（2）源泉徴収税額、労働者が負担すべき社会保険料等賃金から控除した金額がある場合には、事項ごとにその金額

（3）振り込んだ金額

労働保険徴収法第32条

（中略）事業主は、労働保険料控除に関する計算書を作成し、その控除額を当該被保険者に知らせなければならない。

健康保険法第167条第3項

事業主は、前二項の規定によって保険料を控除したときは、保険料の控除に関する計算書を作成し、その控除額を被保険者に通知しなければならない。

厚生年金保険法第84条第3項

事業主は、前二項の規定によって保険料を控除したときは、保険料の控除に関する計算書を作成し、その控除額を被保険者に通知しなければならない。

所得税法第231条第1項

居住者に対し国内において給与等、退職手当等又は公的年金等の支払をする者は、財務省令で定めるところにより、その給与等、退職手当等又は公的年金等の金額その他必要な事項を記載した支払明細書を、その支払を受ける者に交付しなければならない。

同条第2項

前項の給与等、退職手当等又は公的年金等の支払をする者は、同項の規定による給与等、退職手当等又は公的年金等の支払明細書の交付に代えて、政令で定めるところにより、当該給与等、退職手当等又は公的年金等の**支払を受ける者の承諾を得て**、当該給与等、退

職手当等又は公的年金等の**支払明細書に記載すべき事項を電磁的方法により提供することができる。**ただし、当該給与等、退職手当等又は公的年金等の支払を受ける者の請求があるときは、当該給与等、退職手当等又は公的年金等の支払明細書を当該給与等、退職手当等又は公的年金等の支払を受ける者に交付しなければならない。

⑤　社員マスタの作成も楽になる

　そもそも論ですが、クラウド給与計算ソフトを導入するためには、対象となる社員の氏名、生年月日、入社日、所属などの社員マスタの基礎情報を入力しなければなりません。この点、例えば人事労務 freee であればソフトが人事マスタも兼ねているので、入社手続を行うために収集した情報をそのままシームレスで給与計算にも活用することができます。MF 給与の場合も、人事マスタや労務手続関係のクラウドソフトの代表格である SmartHR と API 連携していますので、SmartHR に登録した人事情報を MF 給与にも手間をかけずにインポートすることができます。

　なお、社員数が多いと、クラウド給与計算ソフトの導入当初だけは、どうしてもデータ移行の工数が発生してしまいます。CSV などを活用して可能な限り楽に既存の給与計算ソフトや Excel データからクラウド給与計算ソフトにインポートする方法があるかもしれませんので、給与計算ソフト会社の担当者や HR テクノロジーに詳しい社会保険労務士に相談をしてみてください。どうしても手作業でインポートするしかないというような場合は、担当者に過重な負担が発生しないよう、負荷を分散させたり、データ入力の代行事業者を活用することなども検討してみてください。

　いちどクラウド給与計算ソフトの運用が軌道に乗れば毎月の給与計算における効率化は大きいですから、工数が足りないという理由で導入段階で挫折をするのは勿体ないです。多少コストをかけてでも初期設定を完了させるべきです。

2　給与計算に関する HR テクノロジー

2-4 初期設定は給与規程の整備とセットで考える

　クラウド給与計算ソフトの導入にあたって初期設定で大変なのは、社員の登録だけではありません。勤怠情報や昇給情報などを入力したら、あっという間に給与計算が完了するというのが理想的な使い方ですが、「あっという間」に計算を完了させるためには、残業代の計算ロジックや休日休暇の設定など、自社の給与規程の内容をソフトの設定に反映させておくことが大前提です。給与規程を複雑に作り過ぎていている場合は、ソフトにそのルールを登録することができません。そのまま無理にソフトを利用しようとすると、手計算の修正が何カ所も必要になってしまい、効率化とは程遠い状態になってしまいます。

　例えば、法定休日について「法定休日は休日出勤を行った日のうち最も労働時間の短かった日とする」のように複雑な定め方をするのではなく「法定休日は日曜日とする」とズバッとわかりやすい定め方にしてしまうのです。そうすれば、ソフトに登録をしやすいことはもちろん、社員にとってもわかりやすいルールになります。

　法定休日を前者のように定めるのは、休日出勤手当の発生をミニマムにして人件費を圧縮するためですが、多少の人件費圧縮のために複雑なルールを作成すると、圧縮する分以上に運用コストが発生しかねないという点を見落としてはなりません。複雑なルールのせいで給与計算担当者が残業に陥り効率化が図れないようであれば、ルール自体を見直したほうが合理的なのではないかということです。

　企業としてどうしても譲れない部分は別にして、必要以上に複雑なルールになってしまっている部分は、クラウド給与計算ソフトの導入を機に、シンプルなルールに置き換えてしまいましょう。

2-5　初期設定ができてしまえば運用の難易度は高くない

　クラウド給与計算ソフトは、前述したとおり、初期設定に手間がかかったり、検討すべきことも少なくなかったりしますが、一度運用を開始してしまえば、毎月行うことは「勤怠データのインポート」「昇給、手当額の変更などの変更点管理」「月途中の入社・退職など自動計算に対応していない場合の手計算」「給与の確定と明細の公開」といった定型的な作業になります。操作がわからなくなったときも、ヘルプページなどを確認したり、チャットや電話でサポートを受けたりすることが可能です。

　気を付けていただきたいのは「変更点管理」のうち、社会保険料の随時改定です。

　社会保険料は、原則毎年4月・5月・6月に実際に支払われた給与の平均額を基に、その年9月分から1年間の保険料が決定されます。ところが、年の途中に昇給があったとか、新たな手当が付くようになったとかで、標準報酬月額（社会保険料の金額の等級のようなものです）が2等級以上上がったり下がったりした場合は、月額変更届という書類を年金事務所に提出して、標準報酬月額の改定を受けなければなりません（これを「随時改定」という）。標準報酬月額が変わると、控除すべき保険料額も変化しますから、設定を変更する必要があります。この「随時改定に該当するか否か」を判断するのは、非常に大変な作業です。熟練した人事担当者や社会保険労務士でなければ漏れなく対応することは難しかったのですが、クラウド給与計算ソフトのうち、完成度が高いといわれる人事労務freeやMF給与では、月額変更届に該当する社員を自動で抽出してくれる機能が備わっています。

　このように、従来は職人技に近かったような仕事も含めて自動化できてしまうところに、HRテクノロジーの醍醐味を感じます。

2-6　クラウド給与計算ソフトの選び方

①　シンプルな給与体系ならいずれのソフトも対応可能

　勤怠管理ほど数は多くありませんが、クラウド給与計算ソフトもいくつかのソフトがリリースされています。

　具体的には「人事労務 freee」「MF 給与」「ジョブカン給与計算」「フリーウェイ給与計算」などが挙げられます。役員のみの企業や社員が数人で固定給ばかりという企業であれば、どれを使っても実務上困ることはないでしょう。

②　複雑な給与体系の場合は２大ソフトから選ぶのがおススメ

　社員のほかにアルバイトもいるとか、固定残業代や裁量労働制などが適用される人もいるといった複雑な給与体系の場合は、機能やサポートが充実している「人事労務 freee」か「MF 給与」を選ぶのが現時点においては手堅い選択と考えます。ともにクラウド給与計算ソフトの草分け的な存在で、リリースから４～５年の歴史があります。

　また人事労務 freee は、会計 freee も含めた体制ですが、500名規模の社員数で開発やユーザーサポートに当たっていますし、MF 給与を運営するマネーフォワード社は2017年９月に東証マザーズに上場しています。

　現時点の機能に加え、今後の開発や進化を考えると、人員規模や資金面から両社が引き続きクラウド給与計算ソフトの領域においてはリーダー的な存在になるのではないでしょうか。

③　２大ソフトのそれぞれの特徴

　では、人事労務 freee と MF 給与のうち、どちらが良いのかということですが、これは「どちらが自社に合っていそうか」という考え方次第です。

ソフトを増やさず１つのソフトの中でなるべく完結させたいという場合は、人事労務 freee が向いています。１つのソフトの中で勤怠・人事マスタ・人事労務手続・給与計算といった機能を持っているからです。「管理監督者」「裁量労働制」「フレックスタイム制」「固定残業代」などが適用される社員の自動計算にも対応していますので、このような勤務体系をとっている社員の勤怠管理から給与計算までをワンストップで行いたい場合も、人事労務 freee に優位性があるでしょう。

　逆に、勤怠、労務手続、給与計算といった各領域において最も自社で使いやすい専門特化型ソフトを選び、組み合わせて使いたいという場合は、MF 給与に軍配が上がりそうです。多数のソフトと API や CSV で連携しており、どの手当を欠勤控除の対象にするかとか、１人の社員に複数時給単価を設定できるとか、手当や基本給の設定で人事労務 freee よりも小回りが利く印象です。

④　２大ソフトの設計思想の相違からくる特徴

　人事労務 freee と MF 給与において、設計思想が大きく違う点に「マスタ」に対する考え方があります。操作性に対する好みということになりますが、あらかじめ両ソフトの特徴を理解しておく必要があるでしょう。

　人事労務 freee では、１カ月ごとに従業員マスタが作成されます。もちろん、前月のものがコピーされて次月以降も複製されていきますので、毎月マスタを新たに作成しなければならないわけではありませんので安心してください。前月からコピーされて自動作成されたマスタに、昇給など今月の変更点を反映させて最新の状況にアップデートし、今月の給与計算を行うというイメージになります。

　一方、MF 給与ではマスタは１つしかありません。各月の給与計算が唯一のマスタを共有しているというイメージです。いったん「確定」の処理がなされた給与は、それ以降のマスタの変更の影響を受けない仕様になっていますので、例えば６月分の給与計算が完了

して「確定」の処理がなされた後に7月分の給与計算を行うためマスタをアップデートしても、確定済みの6月の給与は影響を受けないということです。単一のマスタを利用するMF給与のほうが、仕組みとしてはやはりシンプルでわかりやすいです。

この相違は、過去の給与計算結果の修正方法にも影響します。

過去の給与計算結果を修正するためには「確定」を解除しなければなりませんが、修正が終わって「再確定」を行うと、MF給与では過去のマスタではなく最新のマスタを読みにいってしまうので、直近で昇給があったり住民税の更新を行ったりすると、再確定後の給与計算結果が不正確なものとなってしまい1つ1つ手動で修正することとなります。

対する人事労務freeeは、月ごとにマスタが1対1で対応していますので修正する場合も現在のマスタの影響を受けることがない代わりに、過去のマスタを月ごとに修正することとなり、MF給与よりも手間がかかるかもしれません。

とは言え、過去の給与計算結果を修正するというのは本来あってはならないイレギュラー中のイレギュラーですから、あまりその処理に引っ張られず自社で利用しやすいインターフェースを選べばよいでしょう。

なお、過去の給与計算に間違いがあることが判明した場合、実務上の対応としては、過去の給与計算を修正するのではなく、将来の給与で過不足額を精算するという場合もあります。源泉所得税額などにも影響が出てしまうので、法的には必ずしも正解と言い切れない部分もあるかもしれませんが、年末調整も踏まえ、年間トータルで正しい所得税額を納付すれば、実務上問題となる可能性は低いと考えられます。

⑤　ジョブカン給与計算という選択肢

2018年6月にリリースされたばかりのジョブカン給与計算は、2大ソフトほどの歴史や実績はありませんが、「ジョブカン勤怠管理」

との連携性から選択の余地があります。

ジョブカンシリーズは「ジョブカン勤怠管理」が既に多くのシェアを得ていることと、「ジョブカン労務管理」「ジョブカン採用管理」など、労務分野に広く展開しています。ジョブカンシリーズで人事労務領域のクラウド化を一気に図るというならば、ジョブカン給与計算も有力な選択肢になってくるでしょう。当社の顧問先でジョブカン給与計算を使って給与計算を代行している企業がありますが、機能的にも、人事労務 freee や MF 給与と比較して大きく不便を感じるということはありません。

2-7　給与計算と会計の連携

Excel で給与計算を行っていたりインストール型の給与計算ソフトを使ったりしている場合は、給与計算の結果を会計ソフトに転記する必要があります。これは、社員に支払う給与も企業の経費の一部であるため、会計ソフト側にも登録する必要があるためです。

クラウド給与計算ソフトを利用すれば、この手間を削減することができます。人事労務 freee の兄弟ソフトには会計 freee があり、MF 給与の兄弟ソフトには MF クラウド会計があります。給与計算と会計の橋渡しという点においても、クラウド給与計算ソフトは効率化を実現させることができます。

例えば、人事労務 freee であれば給与を「確定」させる際、会計 freee に取引を登録する旨のチェックボックスをオンにした上で「確定」の操作を行えば、給与計算結果が会計 freee の仕訳に自動で登録されます。

2-8　経費精算

給与計算ではありませんが、類似の業務として多くの企業で手間がかかっているのは経費精算です。典型的な経費精算の流れは、①

経費を支払った人が領収書を添えて精算書を作成し上司の決裁を受ける、②決裁を受けた経費精算書を経理部門へ回す、③経理部門が経費を本人に支払う、④経費の仕訳を会計ソフトに登録する、という手順です。

　freee では会計 freee の一機能として、MF シリーズでは MF クラウド経費という独立したソフトとして、経費精算のクラウドサービスが提供されています。いずれも①〜④のプロセスをクラウド上で完結させることができます。

　精算した経費は次回支払分の給与に上乗せして入金させることができますので、会計 freee や MF クラウド経費を利用して経費精算をクラウド化させることで、小口現金の取扱いや都度の振込みで発生していた経理部門や総務部門の手間を削減することができます。

2-9　給与を電子マネーで日払いできる!?

　ここで、給与計算に関する最先端の動きを補足説明しておきます。給与計算に続くプロセスである「給与振込」に関して、画期的な新サービスがあります。

　福岡発のベンチャー企業のドレミング株式会社は、社名と同じ「ドレミング」というサービス名でこれまでにない給与の前払いサービスの仕組みを開発しました。このサービスを使うと、電子マネーで給与の日払いをすることができるのです。

　まず、日々の勤務に対する手取額が計算されます。月給は日割りされ、社会保険料なども日割りをした額が控除されます。

　次に、日割りされた手取額が労働者本人のスマホのアプリなどに電子マネーとしてチャージされます。労働者は、残高の範囲内で買い物をすることができます。そして、毎月の給与支払日には電子マネーとして利用した分を除く残余の金額が本人の銀行口座に支払われます。

　仕組みの作り方によっては、銀行口座や現金を関与させず電子マ

ネーの世界だけで完全に給与の支払いを完結させることも可能ということです。

　同社がこのようなサービスを開発したのは、世界に20億人もいる銀行口座を持つことができない金融難民が安心して給与の支払いを受けられる仕組みを作りたいという想いからだそうです。また、給与は「月末締め、翌月25日払い」のように後払いになることが多いので、働いた日に対応する給与を実際に受け取るのは2カ月近く先、ということもあります。このような後払いによって労働者の生活が苦しくなることを緩和したいということもドレミング社の想いの1つです。

　以前から、ペイミー社の「Payme」やきらぼし銀行の「前給」のように、現金で給与の前払いを受けられるサービスはありましたが、前払いに電子マネーを活用したという点で、ドレミングには斬新さがあります。

　しかしながら、ここに法律の壁があります。

　日本の労働基準法には「賃金は通貨で支払わなければならない」と規定されているため、現在、我が国で電子マネーによる給与の前払いサービスを使うことはできないのです。このサービスは、海外で非常に高い評価を受けています。出稼ぎ労働者の多いサウジアラビアなどの中東諸国、金融難民の多いインドやアフリカなどで特にニーズが高いということです。

　電子マネーがこれだけ進化していて日常の決済手段として定着している中、労働者の同意を前提とするならば、我が国においても電子マネーによる給与支払いの解禁を進めていき、ドレミングのような労働者の生活を助ける新しいサービスが利用できるような法的環境を整えていくべきではないでしょうか。このニーズは国も理解をしていて、全国でのデジタルマネーによる給与振込みを解禁できるよう、労働政策審議会で検討を始めるということです。

2　給与計算に関するHRテクノロジー

3 年末調整に関する HR テクノロジー

　年末調整は、労務管理・税務の両方の領域にまたがる難易度の高い業務であり、多くの企業で毎年対応に苦慮しています。そのような年末調整こそ、HR テクノロジーが力を発揮する場面です。

　本章では、「年末調整とは何か」をおさらいした上で、HR テクノロジーがどのように年末調整業務を効率化や簡素化させるのかを説明していきます。

3-1　年末調整とは

　年末調整とは、一言で言えば年間（1〜12月）の所得税の確定作業です。給与所得者は毎月の給与から所得税が源泉徴収として天引きされていますが、この所得税の額は毎月の給与額に応じて「月額表」という表に当てはめて「課税所得が○円から○円までの範囲に入っていて、扶養親族が○人なら当月の源泉所得税は○円」というように機械的に控除されています。このように機械的に計算された源泉所得税は、詳細な扶養親族の状況や生命保険や地震保険の加入状況、住宅ローン控除の有無など、個人の実態を無視して仮に算出されたものに過ぎません。

　そのため、年末調整時に各種申告書を提出してもらうことによって個人の状況を細かく把握し、改めて正確な所得税額を算出します。

　その後、正確に算出された所得税額と仮に12カ月間控除してきた源泉所得税の累計額を比較し、過不足額を精算するというのが年末調整の一連の流れです。この年末調整においても、HR テクノロジーを活用すれば大幅に事務作業の効率を改善させることができます（図表2-3-①）。

図表2-3-① 年末調整のイメージ図

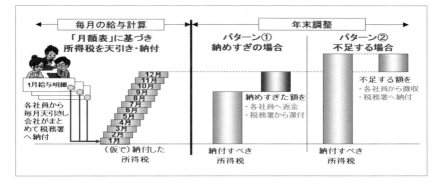

3-2　年末調整に関するHRテクノロジー

　年末調整に関するHRテクノロジー（以下、「クラウド年末調整ソフト」という）について説明します。重要ポイントとしてイメージを持っていただきたいのは、クラウド年末調整ソフトは、年末調整のプロセス全体を効率化する仕組みであるということです。従来型の年末調整ソフトは、年末調整の「計算」を素早く終わらせるということは可能でした。しかし、年末調整で本当に大変なのは、計算を行うことではありません。計算を行うための各種申告書を社員に配付し、正しく記入してもらい漏れなく回収するという段取りの作業のほうが手間がかかっていると言っても過言ではありません。

　クラウド年末調整ソフトを導入すると、各種申告書を印刷する手間、配付する手間、回収する手間を丸ごとなくすことが可能です。というのも、クラウド年末調整ソフトは、紙の申告書を配付することなくクラウド上で年末調整を完了させることができるからです。年末調整で必要となる項目を入力するためのわかりやすいインターフェースに沿って、情報を入力していくと、クラウド上で扶養控除等（異動）申告書などの年末調整の申告書が出来上がってしまう仕組みになっています。

　なお、念のために補足しておきますと、ペーパーレスで年末調整

を行うことは法的にも問題はありません。「源泉徴収に関する申告書に記載すべき事項の電磁的方法による提供の承認申請書」という申請書をあらかじめ所轄の税務署に提出しておけば、電磁的方法、すなわちクラウド年末調整ソフトによる年末調整の実行が可能となります。

　また、クラウド年末調整ソフトのさらなる強みとして挙げられるのは、進捗管理ができることです。管理者のインターフェースで誰が入力済みで誰が未入力なのかを確認したり、未入力の社員には入力を促すメールを送ったりすることが可能です。

　もう1つクラウド年末調整ソフトの特筆すべきメリットは、担当者が多大な労力をかけて申告書情報をソフトに「入力」する必要がないということです。紙で申告書を回収した場合は、その記載内容を1人分ずつソフトにデータを入力する必要があります。何百人、何千人規模の企業ではデータ入力だけで多大な工数と人員を要してしまいます。この点、クラウド年末調整ソフトならば、社員がクラウド上で入力したデータをそのまま利用できるので、社員数の規模にかかわらずデータ入力の手間をゼロにすることができ、これはまさに「革命的な効率化」です。

　さらに言えば、クラウド年末調整ソフトによって得られる恩恵として「質問対応の減少」ということも挙げられます。年末調整の申告書を配付すると、「ここはどう書けばいいですか？」「私の生命保険料控除額は結局いくらになるんですか？」など、人事労務部門は申告書の書き方で社員から沢山の質問を受けます。やはり、いくら記入例などを付けても、扶養控除等（異動）申告書や保険料申告書を社員が自力で完成させるのは困難が伴います。クラウド年末調整ソフトは、わかりやすいインターフェースで順番に情報を入力していけばクラウド上で申告書が完成するという仕組になっているため、何を書けばよいかわからないという質問を減らすことができ、完全に質問対応がなくなるとまでは言わないものの、人事労務部門の質問対応の負担は大幅に減少させることができます。

図表2-3-② ソフトによる年末調整業務の効率化イメージ図

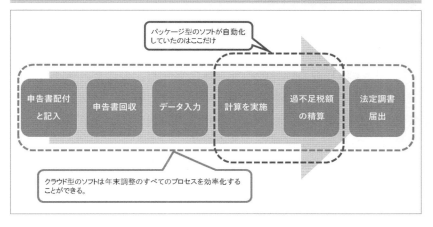

第1章2で紹介したこちらの図を、ここで今一度思い出してみてください（12頁図表1-2-②）。

3-3　クラウド年末調整ソフトの選び方

ほとんどのクラウド年末調整ソフトは、単独機能で開発されたものではなくクラウド給与計算ソフト内の機能として提供されています。ですから、人事労務freeeを導入すれば人事労務freee内の年末調整機能を、MF給与を導入すればMF給与内の年末調整機能を、自動的に利用できるようになります。年末調整を行うには1年分の給与情報が必要ですが、給与計算ソフトと一体になっていることで、改めての給与情報の回収や入力も不要というメリットもあります。

なお、SmartHRにも年末調整機能は付随しており、給与計算データをSmartHRにインポートすることで利用することができます。SmartHRのインターフェースを気に入っている企業では、給与計算ソフト付随の年末調整機能ではなくSmartHRで年末調整を行ってみるのもよいでしょう。

3-4　年末調整が行われる12月の人事労務部門は多忙

　年末調整が行われる12月は、人事労務部門にとっては非常に忙しい時期です。月例の12月度給与計算はもちろんのこと、冬季賞与の支給、12月末退職者の事務処理、年賀状やお歳暮の発送、賀詞交歓会や年頭挨拶の準備、忘年会・新年会の企画など、年末調整以外にも対応すべきことが盛りだくさんです。

　担当者は残業時間が増え、休日出勤が発生してしまうことも珍しくありません。12月は、家族でクリスマスパーティーを楽しんだり若い人であれば恋人とクリスマスイブを過ごしたりしたいなど、プライベートでも大切な時期ですが、残業や休日出勤でかなわないとなると非常に悲しいことです。こういったワークライフバランスが実現できなければ、従業員満足度も大きく下がってしまいます。ですから、人事労務部門の年末の負荷を少しでも下げるためにはクラウド年末調整ソフトの導入は必須と言っても過言ではありません（図表2-3-③）。

図表2-3-③

12月/1月は、年末調整以外にも人事労務部門は業務が集中

年末調整　　　　　　　　　　年賀状

冬季賞与　　　　　　　　　　お歳暮

月例給与計算　　　　　　　　来客対応

年末退職者の対応　　　　　　忘年会・新年会

人事部門の負荷を下げるニーズは高い！！

4 マイナンバー管理に関する HR テクノロジー

4-1 マイナンバー管理のための安全管理措置

　マイナンバー利用が開始された当時ほど大騒ぎされていませんが、マイナンバーの安全な管理は、企業にとって引き続き重要な業務の１つです。

　マイナンバー法の定めにより、企業は、個人番号および特定個人情報が漏えい、滅失または毀損することなく適切な管理を行うために、以下の４種類の安全管理措置を講じなければなりません。

> **1　組織的安全管理措置**
> 　取扱担当者を明確に定めて、担当者以外がマイナンバーを取り扱うことがないようにすること
> **2　人的安全管理措置**
> 　担当者が不正にマイナンバーを利用したり、内部者がマイナンバー情報を盗難したりしないよう監督や教育を行うこと
> **3　物理的安全管理措置**
> 　マイナンバー取扱区画に担当者以外が立ち入ることができないよう、物理的な制限を設けること
> **4　技術的安全管理措置**
> 　担当者以外がマイナンバーにアクセスできないようにするアクセス制御やウイルス対策を行うこと

　1と**2**は組織や管理の問題なので、HR テクノロジーの導入の有無にはあまり関係がない部分ですが、問題は**3**と**4**です。大企業であればともかく、中小企業が限られた自社のオフィススペースにマ

イナンバー取扱区域を設けるとか、マイナンバーを安全に管理できるサーバーを何十万円、何百万円もかけて導入するというのはあまり現実味がありません。かと言って、金庫を買ってきて紙でマイナンバーを管理するというのも非効率的で、働き方改革の時代の流れに逆行するものです。

　そこで検討したいのが、マイナンバー管理に関するHRテクノロジー（以下、「クラウドマイナンバー管理ソフト」という）の導入です。セキュリティの高いクラウド上で社員から預かったマイナンバーを管理するという方法です。

4-2　クラウドマイナンバー管理ソフトの選び方

　クラウドマイナンバー管理ソフトは数多く出ていますので、自社で使いやすそうなものを選べばよいのですが、業務全体の効率化を考えた場合、自社で導入するクラウド給与計算ソフトや会計ソフトのシリーズと合わせると無駄がありません。その前提で考えると、「マイナンバー管理freee」、「MFクラウドマイナンバー」、「SmartHR内のマイナンバー管理機能」などが候補に上がってくるのではないでしょうか。

　マイナンバーを利用するのは、主に入社・退職の手続きと年末調整を行うときです。マイナンバー管理freeeは人事労務freeeと連動していて、人事労務freeeで入社・退職の書類を作成したり年末調整を行ったりする場合、マイナンバーfreeeからマイナンバーを呼び出して必要な書類に転記することができます。MFクラウドマイナンバーとMF給与も、freeeシリーズと同じ関係にあります。SmartHRは、マイナンバー管理を含む従業員マスタとして機能するとともに、ソフト内で管理されているマイナンバーを利用して入社・退職の手続きを行うことができます。

　また、SmartHR自体には給与計算機能は付いていませんが、人事労務freeeやMF給与などから給与データをインポートすることに

よってSmartHRのインターフェースで年末調整を行うことができ、マイナンバーについても SmartHR 内で管理されているものを利用することができます。マイナンバーの管理だけを行う単品のマイナンバー管理ソフトが決してダメということではありませんが、給与計算や人事労務手続、年末調整と連携して利用できるマイナンバー管理ソフトに優位性があると言えます。

4-3　クラウドマイナンバー管理ソフトが不安な方へ

　マイナンバー管理に関しクラウドソフトを利用することに対して、「何となく不安です」「本当に安全なの？」という声を耳にすることがあります。

　たしかに世の中に「絶対」ということはありませんが、クラウドマイナンバー管理ソフトに関しては「かなり」安全であると考えて差し支えないです。少なくとも IT に多額の投資をすることが難しい中小企業にとっては、自社で中途半端な対応をするよりも安全性が高いのではないかと考えられます。

　マイナンバー管理 freee には、次のような説明があります。

> 　金融機関並みの通信・暗号化でセキュリティ体制は万全。安全管理措置に則って、大切な情報をしっかり守ります。

　また、MF クラウドマイナンバーも次のように説明しています。

> 　マネーフォワードクラウドマイナンバーを運営するマネーフォワードの主要メンバーは金融機関出身者から構成されています。経験豊富なプロが運用する万全の体制で、安心・安全のマイナンバー管理サービスを提供します。

　このように、クラウドマイナンバー管理ソフトは金融機関のネッ

トバンキングに準ずる強固なセキュリティを備えています。もし同じくらい強固なセキュリティを自社サーバーで実現しようとしたら、どれくらいの金額のIT投資が必要になるか想像もできません。

ですから、クラウドマイナンバー管理ソフトを利用するということは、ネットバンキングを利用するのと同等の安全性があるという前提に基づき、低コストで業務の効率化や安全なマイナンバー管理を実現できるという観点から、積極的に利用していってよいと考えます。

ただし、マイナンバー管理 freee や MF クラウドマイナンバーのように運営実績があるクラウドマイナンバー管理ソフトではなく、何らかの事情で詳しく知らないクラウドマイナンバー管理ソフトを利用する場合は、そのソフトのセキュリティがどのような水準で構築されているのかをサービス提供元に確認をするようにしましょう。

図表2-4-①

クラウド自体やクラウドとの通信は、金融機関並みのセキュリティにより守られているため、社内サーバー等にマイナンバーを保管するよりも安全性は高い。

4-4 クラウドでマイナンバーを管理すると年末調整が安全かつ楽になる

　マイナンバーに関する漏えい事故が起こりやすいのは、年末調整の際です。年末調整で提出される「扶養控除等（異動）申告書」および「配偶者控除等申告書」には、マイナンバーを記載する欄がありますが、このマイナンバーが申告書を回収する際などに第三者の目に触れてしまう危険が高いです。

　「扶養控除等（異動）申告書」や「配偶者控除等申告書」は、マイナンバーの記入欄がなかった時代には、実務上「書き終わった人から総務部の担当者のデスク上のボックスに提出してください」という方法で回収されていた企業も少なくなかったと思います。その名残りで、総務部がいくら注意喚起をしてもマイナンバーの書かれた申告書を自分のデスクに放置したり、提出したつもりで総務部の担当者のデスクに置きっぱなしにしてしまう社員が出てきたりして、置きっぱなしにされた申告書が第三者の目に留まってしまうというようなリスクは十分考えられます。

　このようなリスクを回避するために、クラウドマイナンバー管理ソフトは役立ちます。ソフトを導入してマイナンバーの提出や保管を完全にクラウド上で行うことにし、年末調整時にはマイナンバー記入欄がはじめから黒塗りされた申告書を配布すれば、マイナンバーの誤記入による事故も防ぐことができます。あるいは、前章で説明したクラウド年末調整ソフトを利用して年末調整そのものをクラウド上で行うことにしてしまえば、紙の申告書を取り扱うことによるマイナンバー漏えいの事故のリスクは完全に排除することができます。

　最後に補足すると、マイナンバーをクラウド上で別管理することには合法である根拠がありますのでご安心ください。詳しくは国税庁のサイト内の「源泉所得税関係に関するFAQ」というコンテンツに書かれているのですが（図表2-4-②参照）、マイナンバーをきち

図表2-4-② 源泉所得税関係に関するFAQ（抜粋）

（1） 扶養控除等申告書関係

Q1-3-2 扶養控除等申告書については、どのような場合にマイナンバー（個人番号）を記載しなくてもよいのですか。（平成28年5月17日追加、平成30年1月4日更新）

（答）

扶養控除等申告書には、基本的には、従業員等のマイナンバー（個人番号）を記載する必要がありますが、給与支払者が扶養控除等申告書に記載されるべき従業員本人、控除対象となる配偶者又は控除対象扶養親族等の**氏名及びマイナンバー（個人番号）等を記載した帳簿を備えている場合には、その従業員が提出する扶養控除等申告書にはその帳簿に記載されている方のマイナンバー（個人番号）の記載を要しない**こととされました。（以下略）

Q1-3-4 扶養控除等申告書へのマイナンバー（個人番号）の記載を不要とするために備える「帳簿」について、電磁的記録で備えることもできますか。（平成28年9月9日更新）

（答）

扶養控除等申告書へのマイナンバー（個人番号）の記載を不要とするために備える帳簿については、**電磁的記録による帳簿も認められます。**（以下略）

んと別管理しているならば、「扶養控除等（異動）申告書」および「配偶者控除等申告書」へのマイナンバー記載を省略できるとしています。別管理の方法としては、電磁的方法、すなわちクラウドマイナンバー管理ソフトによる管理も可能であるとしています。

5 人事労務手続に関する HRテクノロジー

5-1　人事労務手続とは

　例えば、新入社員が入社すると、社会保険（＝健康保険＋厚生年金）や雇用保険へ加入しなければなりません。加入するためには、「資格取得届」という書類を作成し、社会保険に関しては年金事務所に、雇用保険に関してはハローワークへ提出をします。

　このような手続きを「人事労務手続」と呼んでいますが、これを行うにあたっては、まず、書類の作成に手間がかかります。そして、提出にあたっても郵送または窓口持参をしなければなりませんので、この点も大きな手間です。特に、ハローワークに関しては窓口持参を原則としていて、郵送の場合は返信用封筒も添付しなければならないという決まりになっているため、郵送するにせよ窓口に持参するにせよ時間がかかってしまいます。ハローワークによっては窓口が非常に混んでいて、1人分の雇用保険の資格を取得するだけで半日仕事になってしまうというようなことも発生してしまいます。

　それを回避するために電子申請という方法があり、政府が電子申請のポータルサイトとしている「e-Gov」から社会保険や雇用保険の資格取得の電子申請をすることが可能ですが、率直に申し上げて非常に操作が難しいです。そして、仮に操作を理解したとしても、残念ながら1件1件の申請に少なからずの時間がかかってしまうインターフェースになってしまっています。

5-2　社員から入社情報を回収するのも一苦労

　冒頭で、新入社員の入社手続き書類を作成したり、年金事務所や

ハローワークに提出したりするのが大変であるという話をしましたが、実は、その前段階でも大変な作業があります。

　それは、新入社員の方からの入社手続に必要な情報の回収です。慣れていなければ、社会保険や雇用保険に加入するために、新入社員の方からどのような情報や書類を提供してもらえばいいのかとか、どのようなフォーマットで回収すれば抜け漏れがないかなどが分からず、情報の回収に時間や手間がかかってしまうことがあります。いざ書類の作成にとりかかった後で、「あ、あの情報をもらい忘れていた……」というようなことに気付いて、二度手間、三度手間が発生してしまうと、人事労務担当者にも新入社員本人にもストレスが溜まってしまいます。

5-3　人事労務手続に関する HR テクノロジー

　そこで解決策として登場するのが、人事労務手続に関する HR テクノロジー（以下「クラウド人事労務ソフト」という）です。クラウド人事労務ソフトには、主に3つの役割があります。

　第1の役割は、入社手続に必要な情報の回収です。通常、社員が入社すると、入社手続を行うためにマイナンバーや雇用保険被保険者番号、扶養情報などを収集します。企業が作成した書式に記入してもらったり、雇用保険被保険者証のコピーを提出してもらったりと、紙ベースのやり取りで手間がかかります。クラウド人事労務ソフトでは、メールアドレスを登録してクラウド上から新入社員を招待することで、その社員のメールアドレスに入社情報を入力するための URL が送信されます。社員は URL をクリックしてインターフェースに沿って情報を入力したり必要書類の画像を添付したりすることで社会保険や雇用保険の加入に必要な情報を企業に提供することができます。

　第2の役割は、社員マスタの維持管理です。入社手続のために収集した情報はクラウド人事労務ソフト内に保管されます。住所、氏

図表2-5-① クラウド人事労務ソフト導入前・後の仕事のイメージ図

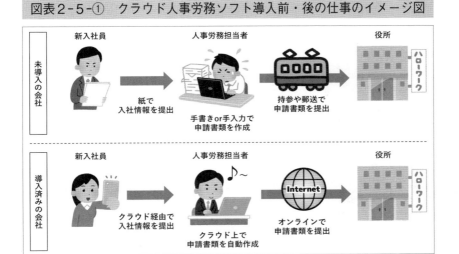

名、扶養家族の情報などに変更があった場合は、登録情報をアップデートすることで最新の人事マスタとして管理ができます。

　第3の役割は、これがいわば「本丸」的な役割になりますが、人事労務手続の実行です。クラウド人事労務ソフトに登録されている社員マスタをもとに、簡単に一瞬で社会保険や雇用保険の取得に必要な書類が作成されます。逆に退職の時には退職に必要な書類が一瞬で作成されます。また、クラウド人事労務ソフトの代表格であるSmartHRであれば、事業主の電子署名をあらかじめ登録しておけば、ソフト内から簡単に電子申請を行うことができます。従来は、操作が難しいe-Govが電子申請の普及の障害になっていましたが、SmartHRの電子申請は誰にとっても非常にわかりやすいインターフェースから電子申請を行うことができます。

　このように、クラウド人事労務ソフトは、社員の入社や退社に関する手続きを簡易化させ、人事労務部門の効率化に貢献します。

図表2-5-② e-Govで電子申請を行う場合の画面例

e-Gov ①

e-Gov ②

第2章 HRテクノロジーの各論

図表2-5-③　SmartHRで電子申請を行う画面例

SmartHR ①

SmartHR ②

　e-Govで電子申請を行う場合には、e-Gov全体の中から必要な手続きの申請画面を探し出すところから始まり、細かい注意書きを読んだり様々な項目を入力したりしてようやく電子申請ができるというイメージです。

ところが、SmartHR で電子申請を行う場合には、もちろんある程度の初期設定は必要ですが、その設定さえできてしまえば、その後は何人入社してもマウスを数回クリックするだけで電子申請のプロセスを完了することができます。

5-4　クラウド人事労務ソフトの選び方

　中小企業を含め、気軽に使えるクラウド人事労務ソフトと言えば、現在は「SmartHR 一強」という状況です。人事労務 freee も入社・退職に関する書類を作成することは可能ですが、電子申請に対応していません。また、対応している手続きの種類も SmartHR のほうが多いです。

　人事労務 freee という 1 つのソフトでなるべく人事労務業務全体を対応したいという場合は、ある程度の制約を認識の上、クラウド労務管理ソフトも人事労務 freee を利用することになるでしょう。現時点で最も完成度の高いクラウド労務管理ソフトを使うというと、SmartHR が選択肢になると考えられます。

　あるいは、ジョブカン労務管理が2018年 2 月から電子申請への対応を開始しており、ジョブカン共通 ID によるログイン方法の改善や、2018年 6 月のジョブカン給与計算リリースなど、他のジョブカンシリーズとの連携も進んできています。

　そのため、自社で導入する HR テクノロジーをジョブカンシリーズで固める前提ならば、ジョブカン労務管理も有力な選択肢になってくるでしょう。

6 社員の健康管理に関する HR テクノロジー

　ここからは、第2段階の HR テクノロジーに入っていきます。これは、社員数50名以上の企業で導入を検討したい HR テクノロジーです。まずは、社員の健康管理について説明をします。

6-1　労働安全衛生法で企業に求められる義務

　企業の規模に関わらず社員の健康管理に注意を払うことは重要ですが、社員数が50名以上になると、労働安全衛生法上、社員の健康管理に対し様々な義務が発生します。具体的には、衛生管理者や産業医の選任、衛生委員会の開催、定期健康診断の実施状況の所轄労働基準監督署への報告、ストレスチェックの実施などが挙げられます（図表2-6-①）。

6-2　社員の健康管理に関する HR テクノロジー

　このように、社員数50名以上の企業では社員の健康管理の領域の業務に関する様々な業務が発生して人事労務部門に多くの負担が発生します。それだけでなく健康診断結果の管理のような事務作業においても、社員数が増えると大きな負担となります。

　このような負担を軽減することが期待されるのが、社員の健康管理に関する HR テクノロジー（以下、「クラウド健康管理ソフト」という）です。

　現在、低コストで中小企業も含め使いやすいクラウド健康管理ソフトと言えば、iCARE 社が提供している「Carely」です。FiNC Technologies 社が提供している「FiNC for BUSINESS」も知名度の

図表2-6-①	社員数50名以上の企業が社員の健康管理のために行わなければならないこと	
	項　　目	詳　　細
1	衛生管理者の選任	一定の資格や実務経験を有する者の中から、職場の衛生に関する事項を管理する担当者を選任し、職場環境の維持改善や社員の健康管理などを行わせなければならない
2	産業医の選任	産業医を選任し、職場巡視、衛生委員会への参加、健康診断の事後措置、社員からの健康相談対応などを行ってもらう必要がある
3	衛生委員会の開催	衛生管理者や産業医などをメンバーとして月1回以上衛生委員会を開催し、社員の健康や職場の衛生管理などについて討議する
4	定期健康診断の実施状況の報告	定期健康診断を実施したら、所定の書式で遅滞なく所轄の労働基準監督署に報告を行わなければならない
5	ストレスチェックの実施	質問票に回答してもらうことで社員のストレスの程度を把握し、結果に基づいて必要な対策を講じ、メンタル不調者が発生することを未然に防止する

高いサービスですが、コスト面、機能面ともに社員数が数百名から数千名規模の企業を主たるユーザーに想定したサービスですので、社員数50名規模の企業から無理なく使えるサービスとしては「Carely」が向いているでしょう。

　Carelyをベースにさらに詳しく説明をしますと、クラウド健康管理ソフトを利用することで主に次の3つの業務が効率化されます。

　第1は、ストレスチェックの実施です。そもそもストレスチェックをどのように行えばよいのかというところから対応に苦慮している企業もありますが、Carelyを導入することによって、ストレスチェックの実施から実施後のフォローまでクラウド上で一貫して対応するための環境を手に入れることができます。法的基準を満たす

図表2-6-② クラウド健康管理ソフトの比較表

サービス	Carely	FiNC for BUSINESS
想定企業規模	50名〜	数百名〜数千名
価　格	300円/人 （50ライセンス〜）	非公開
主な機能	・ストレスチェック ・健康診断結果課管理 ・残業時間数管理 ・チャットによる健康相談 ・産業医紹介（別料金）	・ストレスチェック ・組織の健康診断と課題の可視化 ・チャットによる健康相談 ・ポイントを商品に交換 ・優待サービス

　ストレスチェックの質問票をクラウド上で配付し、社員各人が自分のアカウントでログインして質問に回答した結果が自動集計されます。傾向分析などもシステムが行ってくれます。Carelyの導入によって、ストレスチェックを行うために人事労務部門がストレスを抱えてしまうというブラックジョークも回避できるのではないでしょうか。

　第2は、健康診断結果や残業時間数のデータ管理です。クラウド上で健康診断の結果や残業時間等を一元管理することで、管理工数の効率化はもちろん、傾向分析を行ったり、問題がありそうな社員のピックアップをしたりすることも容易にできます。効率化だけでなく、社員の健康悪化を事前に防いだり小まめな面談や声掛けを行ったりすることで健康経営の質を高め、従業員満足度の向上にもつながります。

　第3は、高ストレス者、健康不調者、過重労働者のフォローです。左記のような心身に不調を抱える社員を人事労務部門が一手にフォローするのは、工数的にも内容的にも限界があります。そこで、社員がクラウド上で直接、保健師等の専門家に相談できるチャットサービスが効果を発揮します。社員はいつでも専門家に相談できる

6　社員の健康管理に関するHRテクノロジー

安心感があり、人事労務部門も対応工数が軽減されるので、双方にとってメリットがあります。

6-3 社員の健康管理は重要な経営課題

雇用契約に付随する義務として、使用者には「安全配慮義務」があるとされています。健康状態に不安のある社員を無理に働かせたり長時間労働を放置したりした結果、社員が死亡したり心身の疾患に陥ったりすると、使用者には損害賠償義務が発生します。損害賠償の一部は労災保険でカバーされますが、慰謝料や労災保険でカバーされない部分の遺失利益は企業が負担しなければなりません。

そして、金銭面以上に重大なのは、企業を支えてくれる大切な社員を亡くしたり心身を患わせたりしてしまうということは、企業にとって貴重な戦力の喪失であり、他の社員のメンタルやモチベーションに与える影響にも多大なものがあります。ですから、企業は健康診断やストレスチェック、労働時間管理を形式的に行うだけでなく、そこから読み取れる結果に基づき対策を打たなければなりません。

人事労務部門の限られた貴重な工数は、社員が健康に働くことができる職場環境を構築するための施策の立案や実行に向けられるべきです。社員の健康を守るために本当に必要な業務に集中するため、健康診断結果の集計のような単純事務作業は、クラウド健康管理ソフトに任せて然るべきものではないでしょうか。

7 採用に関するHRテクノロジー

7-1 人事および採用とは

　企業の3要素として「ヒト」「モノ」「カネ」が昔から挙げられています。人事とは、このうち「ヒト」について、どのような人材を採用し、どのように配置し、どのように評価をするのかという企業活動における「ヒト」の活用に関する業務全般を指します。

　そして、これら人事に関する業務のうち、いわば「入り口」に当たるのが「採用」です。第2段階のHRテクノロジーを導入すべき50名以上の規模の企業をイメージすると、定期的に入社・退職があり、常時求人を出しているという企業も少なくはないのではないでしょうか。この章では、採用活動を効率化するためのHRテクノロジーについて説明していきます。

7-2 求人段階のHRテクノロジー

　採用に関するHRテクノロジーは、さらに分類すれば、求人段階と選考段階に分けられます。まず求人段階ですが、求人を出すにあたって、旧来の方法はハローワークに求人を出すか、紙やインターネット上の求人媒体に求人広告を出すといった方法です。

　これに加え、昨今ではHRテクノロジーを活用したクラウド型の求人媒体が人気を集めています。ハローワークに出す求人は無料ですが、書式が決まっているなど様々な制約があります。逆に民間の求人媒体は原稿の自由度はあるものの、1回の求人広告で数十万円かかることも珍しくなく、中小企業が利用するには高いハードルとなっていました。

そこで、低コストで企業が自由にカスタマイズでき、広く利用者に訴求できる採用に関するHRテクノロジー（以下、「クラウド採用サービス」という）に注目が集まっています。代表例としては、IndeedやWantedlyが挙げられます。

①　Indeed

まず、Indeedは一言で表現するならば「採用特化型のGoogle」です。IndeedのトップページにはGoogleのような検索ボックスがあり、そのチェックボックスでキーワード検索を行うと、ハローワークの求人情報、リクナビやマイナビといった大手求人サイトに掲載された求人情報、企業の自社ホームページの求人コンテンツなど、あらゆる求人情報が検索結果に表示されます。Indeedの検索結果からリンクしてこれらの求人に応募することが可能です。

求人をする企業側としては、何もしなくても自社ホームページの求人コンテンツをIndeedがたまたま検索結果に表示してくれることもありますが、積極的にIndeedを活用するためには、Indeedが用意したフォーマットで自社の求人ページを作成したり、Indeedに申請して自社サイトの採用ホームページを登録したりすることが可能です。特にIndeedが用意したフォーマットは、インターフェースに沿って必要事項を入力していけばしっかりとした求人ページが出来上がりますので、採用担当者の業務効率化にもつながります。

なお、Indeedには有料プランと無料プランとがあり、有料プランの場合は検索の上位に表示されるような仕組みになっています。Indeedに関しては、使い勝手が良いですしコスト0円から使い始めることができるので、本書では採用に関するHRテクノロジーは第2段階のHRテクノロジーとして紹介していますが、企業規模に関わらず積極利用する価値があると考えます。

②　Wantedly

Wantedlyは、SNS的な要素を前面に出したクラウド採用サービ

スです。成長中のスタートアップ企業が利用していることが多く、閲覧している求職者も若手エンジニアなどスタートアップ企業を支える人材が多いようです。

旧来の求人サイトでは、会社案内や求人情報などを掲載して求職者から応募を待つ、いわば「静的」なアプローチが中心でした。これに対し、Wantedlyは、求人企業が積極的に情報発信をできる「動的」なアプローチで企業側が求職者にアピールをすることができます。

具体的には、企業が募集ページを作成した後、経営者や人事担当者はもちろん、その他の社員も「個人」としてIDを持ち、企業のページに参加をすることができます。「個人」はWantedyの中でプロフィールを自由に書いたり、社員インタビューの記事を書いたりすることができます。

また、FacebookやTwitterといった外部SNSで求人を拡散しやすい仕組みにもなっています。Wantedlyを本格的に活用するためには既存社員の理解や協力が得られることが大前提になりますが、求職者からすれば、どんな社員がいてどんな考え方を持って仕事をしているのか、社内のことが良くわかった上で求人に応募することができますので安心感があるとともに、企業としてもミスマッチを防ぐことができます。ミスマッチを防いで社風に合った人を採用することができれば、社内の雰囲気が良くなることはもちろんですし、離職率の低下で採用コストが下がり、人事労務部門の工数削減にもつながります。

7-3　選考段階のHRテクノロジー

次に、選考段階のHRテクノロジーについてです。企業規模が大きくなり、求人に応募してくる人が増えると、応募者の管理や選考プロセスの日程管理なども人事労務部門にとって負担になってきます。そこで活用したいのが、求職者や選考日程を効率的に管理する

ことができる HR テクノロジーということになります。

　採用選考では、応募者への連絡が遅くなってしまうと優秀な人材を他社にとられたり、連絡の遅延や漏れから応募者が不信感を抱いて内定を辞退されたりするようなことになっては、企業にとって大きな損失です。HR テクノロジーによって選考プロセスを迅速化させることは単なる効率化にとどまらず、優秀な人材の確保につながります。

　また、人事労務部門は事務作業の負荷から解放され、応募者の見極めや比較検討といった、採用において真に重要な業務に特化することができるようになりますから、採用選考における業務の効率化は、応募者の選考プロセスの「質」の向上にもつながります。

　採用選考段階で活用できる HR テクノロジーとしては、一例として、ジョブカン採用管理が挙げられます。ジョブカン採用管理では、様々な媒体からの応募者を一元管理し、どの応募者の選考がどこまで進んでいるかといったステータス管理ができます。また、インターフェースから直接応募者にメール連絡をしたり、応募者との面談日程を Google カレンダーと連携して調整するといった機能もついています。

8 タレントマネジメントに関する HRテクノロジー

8-1　人事に関するHRテクノロジー導入の目安

　社員数が数名から数十名程度までは経営者も全社員に目が行き届きますので、人事評価の公平性や、適材適所への人材配置は、システムに頼らなくても大きな問題が生じることは少ないと考えられます。小・中学校で1クラスが30名程度されているのも、担任の目が行き届くのがそれくらいの人数だからということでしょう。

　同じように考えると、企業でも社員数30名くらいから、遅くともクラウド健康管理ソフトの導入検討を始めるべき50名以上の規模に達したら、目測での人事評価や人材配置にも限界が出てきますので、人事に関するHRテクノロジー（以下「クラウド人事ソフト」）の導入を検討することが望ましいでしょう。

8-2　社員マスタ以上の機能が必要

　この点、たしかに人事労務freeeやSmartHRでも、社員マスタとして機能し、法定書式である労働者名簿の作成などを行うことはできます。しかしながら、少なくとも現時点において人事労務freeeやSmartHRには「人事評価」や「人材配置」を管理する機能までは付いていませんから、専用のクラウド人事ソフトの導入を別途検討する必要があります。

8-3　クラウド人事ソフトで何ができるのか

　人事評価や人材配置のプラットフォームとなるクラウド人事ソフ

トには様々なものがありますが、本書では、シェアNo1といわれるカオナビ社が提供する「カオナビ」を紹介します。

カオナビは、その名のとおり、「社員の顔と名前が一致するようになるためのプラットフォーム」という概念から出発しました。社員の顔写真を含むデータベースを登録して活用し、様々な人事関連業務に役立てるというコンセプトです。大きく整理すれば、カオナビには4つの機能があります。

① 機能その1：社内のつながりを深める

1つ目は、社員同士の顔と名前を一致させることです。社員同士で顔写真や趣味・特技などの情報を共有することで、お互いに親しみを持ったり、自然と会話が生まれたりするような社内環境を構築することができます。

また、組織が大きくなると社長や役員が一般社員とコミュニケーションを取る機会が減りますので、社長や役員がカオナビを見ることで社内にどのような人材がいるのかを直接確認したり、「やあ、君は営業部の伊藤君だね。釣りが趣味とは僕と同じじゃないか」と気さくに声をかけるきっかけにすることもできます。社内のつながりを深めることで、組織が大きくなっても経営層と一般社員の距離が近く、一体感のある社風をつくることができるでしょう。

② 機能その2：社内人材の可視化

2つ目は、社内人材の可視化です。組織図で社員を体系的に整理して人材の配置状況を確認したり、データベースから特定のスキルを持つ社員をピックアップして、配置転換を効果的かつ効率的に行ったりすることができます。

組織図1つとっても、規模の大きな企業では、管理職以上の全社的な組織図のみで一般社員のものは部署ごとにしか作られておらず、全社的な人員配置が可視化できていないということがしばしばあります。カオナビは、こういった縦割りの弊害を解消して企業の

人材管理を一元化する役割を果たします。

③ 機能その３：公平かつ効率的な人事評価

3つ目は、公平かつ効率的な人事評価です。

カオナビでは、「目標管理」「360度」「OKR（Objectives and Key Results「目標と主要な結果」の略称で、目標の設定・管理方法のひとつ）」「1on1（「1on1ミーティング」ともいい、上司が部下との個人面談を通じて育成を図る）」など多様な評価制度に対応しており、これらの評価制度を導入するためのテンプレートなどもサービス内の機能として用意されています。

人事評価制度の導入でつまずきやすい点の１つとして、導入時点での挫折があります。評価シートやフローを０から作成するのはかなり難易度が高いので、ある程度フォーマットができている前提でカオナビのようなHRテクノロジーを導入し、それをカスタマイズして使っていくほうが無理なく人事評価制度を構築することができます。

また、運用時点での挫折もあります。人事評価制度の運用を開始しても、例えばExcelの評価シートを基に上長が評価するだけでは、進捗管理ができなかったり、評価者によるバラツキの定量的な把握ができなかったりして、評価制度が形骸化してしまいかねません。

カオナビでは、評価制度の運用進捗状況の管理や評価者による評価の甘辛の分布などもクラウド上のデータで一目瞭然になり、人事評価制度の運用の効率化はもちろん、社員の納得性が高い公平な人事評価制度の運用にも役立ちます。

④ 機能その４：社員の面談記録等を一元管理

4つ目は、社員の面談記録等を一元管理するプラットフォームとしての役割です。

上長が社員との面談記録をカオナビに登録すれば、上長の上位者や人事部などの関係部門も、円滑に情報を共有することができま

す。もちろん、個人のプライバシーが含まれますので、情報共有には細心の注意を払わなければなりませんが、例えば上長との面談の結果、メンタル不調の疑いがあることがわかったら人事部が産業医との面談を提案するなど、社員の心身の健康を守るために関係部署でスムーズな連携を行い、早期に対策を打つということも可能になります。

9 第3段階のHRテクノロジー

9-1 まだまだ発展途上の領域

　第3段階のHRテクノロジーは、これまでの効率化や可視化といった、いわば「仕組み」を提供するというレベルを超えた、AIやビッグデータを活用したHRテクノロジーです。第1章でもお伝えしたとおり、まだまだ発展途上の領域で、導入対象は、基本的には大企業です。

　「HRテクノロジー」というワードが取り上げられるとき、こういった最先端のサービスにスポットが当たりがちですが、注意していただきたいのは、現時点でリリースされているHRテクノロジーの中心はあくまで第1段階、第2段階のそれで、低コストで導入でき、かつ人事労務部門の効率化に即効性があるものが多いですから、まずは第1段階、第2段階のHRテクノロジーで足元を固めることが先だということです。その先に第3段階があります。

　ですから、「AIやビッグデータなんて当社には関係ないからHRテクノロジーの導入も見送る」というような誤解をしてはなりません。すべての企業がHRテクノロジーの活用を今すぐにでも検討すべきなのです。

9-2 活用例

　実例は、IBM社のWatsonというAIを使った業務の効率化です。Watson自体は、人事労務に限らず営業支援やカスタマーサポートなど幅広い業務で活用できるのですが、人事労務業務という切り口に絞れば、ソフトバンク社が新卒採用でエントリーシートの審査に

Watson を用いているのが代表例でしょう。

　同社では、まず Watson に応募者のエントリーシートの一次審査をさせます。Watson には一定の条件がインプットしてあり、それを満たすか否かで形式的な審査を行います。その審査に合格すると次の審査へ進み、不合格になったものは担当者がダブルチェックを行っているそうです。これにより、エントリーシートの審査にかかる時間が従来の4分の1に軽減したということです。

　また、2018年8月10日の日本経済新聞には次のような記事もあり、将来的には、社員の健康管理、社員教育、ノウハウの共有など、様々な分野で AI やビッグデータの活用が組み込まれた HR テクノロジーが活用される時代が来るでしょう。

　東京海上ホールディングスと NTT データは人工知能（AI）を使って従業員が体調不調で休職するリスクを予測するシステムを開発した。従業員の健康診断や勤務表を分析し、1年以内に休職する可能性の高い人を見つけて改善を促す。東京海上はこのサービスを導入した企業を対象に傷害保険の割引も検討する。

10 HRテクノロジーの定着や運用を助けるクラウドサービス

　様々なHRテクノロジーを紹介して来ましたが、どのような領域のHRテクノロジーであれ、導入にあたり、操作や利用のルールなどが社内に定着せず、それが原因で運用がうまくいかないというケースも少なくありません。

　そこで、HRテクノロジーの社内への定着や運用を助けるクラウドサービスも本書では紹介していきます。

10-1　社内マニュアルの整備

　HRテクノロジーの各ソフトは、ヘルプページがあったり電話やチャットなどによるサポートを受けられたりします。しかしながら、提供元の企業から受けられるサポートは、あくまでもそのソフトの操作に関することです。

　ですから、自社としてどのようなルールで運用するのかは、導入各社が考え、社員への落とし込みを図っていかなければなりません。

　例えば、クラウド勤怠管理システムであれば、次のような運用の詳細ルールは各社で定めることになります。

---

① どのようなタイミングで打刻するのか？

② 打刻方法は何か？

③ 打刻漏れがあった場合には誰にどう申請するのか？

④ 出張や直行直帰のときの打刻はどうするのか？　　など

　ルールを深く考えず成行きで始めても、運用がガタガタになってしまい、導入は失敗に終わってしまう可能性が高いです。しかしな

がら、せっかく作ったルールをマニュアルに落とし込む段階で時間がかかって挫折してしまったり、マニュアルの共有がうまくいかず手こずってしまったりと、この点においても、非効率や導入失敗の落とし穴が存在しています。

そこで、社内マニュアルの作成や運用を助けるクラウドサービスに光が当たります。スタディスト社の「Teachme Biz」、テンダ社の「Teん Do」、コニカミノルタ社の「AiLingual」などが挙げられます。

10-2 社内マニュアルの作成に役立つクラウドサービスは？

一般的に最も知名度が高いと思われる Teachme Biz を例にとると、インターフェースとしてはマイクロソフト社の PowerPoint に近いでしょう。違いは、マニュアル作成に特化しているため、マニュアルに適した様々なテンプレートが用意されていることや、作成したマニュアルをパソコン、タブレット、スマートフォンなどあらゆる形で共有することに最適化されているということです。

たしかに、PowerPoint などでマニュアルを作成すればマニュアル作成クラウドサービスの導入コストはかからないかもしれません。しかし、表面的なコストだけでなくマニュアルを効率的に作成・更新・共有できることにより削減できる人件費や従業員の負担軽減も考慮して、費用対効果を検討すべきでしょう。

とはいえ、Teachme Biz は初期費用20万円、月額利用料５万円からとなっており、HR テクノロジーのソフトの利用料に比べかなり高価です。専用のマニュアル作成ソフトに手を出すことが難しい企業は少なくないでしょう。

代替案としては、低コストでクラウド業務マニュアルを構築するならば、社員がクラウド上で共有できて編集の自由度が高い「Evernote」を上手に活用するのも手かもしれません。

動画中心のマニュアルであれば、Youtube の「非公開」機能を使

うのも一案です。Youtube の動画を「非公開」でアップロードすると、許可されたアカウントを持つ人しかその動画を閲覧できませんので、各社員に動画閲覧用のアカウントを付与してマニュアル動画をアップし、Google ドキュメントやスプレッドシートなどで必要な動画へのリンクを整理しておくことで、実質的に無料のクラウド動画マニュアルとして活用することができます。

10-3　社内チェックリストの整備

　クラウド HR ソフトの運用にあたっては、マニュアルのほかにチェックリストがあると運用がスムーズになる場合も少なくありません。

　例えば、クラウド給与計算ソフトであれば、毎月担当者が次のような一連の業務を行うこととなるでしょう。

---

① 従業員情報の更新（入社・退職・昇給等）

② 勤怠データの取込み

③ 自動計算結果のチェック

④ 自動計算で対応できない項目の手計算での修正

⑤ 上長のチェック

⑥ 銀行への給与振込予約

⑦ WEB 給与明細の社員への公開

　このような業務は、マニュアルを眺めながら行うだけでは、漏れが生じたりどこまで作業を進めていたのかわからなくなってしまったりすることもあります。また、給与計算を給与支給日に間に合わせなければなりませんから、日程管理も重要です。こういった進捗管理や日程管理をクラウド上のチェックリストで行うことができるサービス（以下、「クラウドタスク管理ソフト」という）の導入も、スムーズな HR テクノロジー運用のために検討する価値があります。

10-4 社内チェックリストの整備に役立つクラウドタスク管理ソフトは？

　クラウドタスク管理ソフトには「Todoist」「Trello」など、世界的に有名なソフトもありますが、これらは、どちらかと言えば「個人」が「単発のタスク」を管理するのに最適化されたインターフェースというイメージです。チームで利用するクラウドタスク管理ソフトもありますが、多くはガンチャートなどを用いた大規模なシステム開発に用いられるインターフェースで、社内の日常的なタスク管理には大げさ過ぎるものでした。

　そのような中、企業の日常的な業務を可視化し、社内で共有したり進捗管理を行ったりするという点において最適化されたクラウドタスク管理ソフトに、2017年11月からBizer社が提供している「Bizer team」があります。Bizer teamでは、一連のまとまった業務に対してタスクを作成し、関係者で共有および日程管理をすることができます。給与計算のように毎月繰り返し発生する業務に対しては、一度テンプレートを登録すれば同じものを毎月呼び出すこと

図表2-10-① Bizer team のインターフェース例

ができる仕様になっています。呼び出したテンプレートに今月の期限や担当者を設定するだけで、すぐにタスク管理がスタートできるようになっています。

10-5　ビジネスチャットの導入

HRテクノロジーの導入に合わせ、ビジネスチャットを導入するのもおすすめです。個人向けのチャットで有名なのは「LINE」や「Facebook Messanger」ですが、ビジネスチャットにおいては、「Chatwork」「Slack」「Oneteam」などが有名です。

HRテクノロジーを各社員が利用する際、マニュアルやチェックリストを見ても疑問点が生じてしまうことがあります。そんなとき、気軽に質問ができる窓口がないと、放置されたり自分で調べるため社員が時間を費やしたりして、運用に悪影響が生じてしまいます。そのような悪影響を防ぐために有効なのがビジネスチャットなのです。

「メールで質問すればいいじゃないか」という意見もあるかもしれませんが、メールは比較的フォーマルなコミュニケーション手段であり、たとえ社内でも「気軽に」使えるとは限りません。また、メールはccなどの機能はあるものの、基本的には1対1のコミュニケーションなので、「ノウハウの共有」という意味でも幅が狭められてしまいます。

ビジネスチャットであればインターフェース的にも親しみやすく、多くの企業にとって国内で最も高いシェアを持つChatworkが導入しやすいでしょう。

例えば、Chatwork内で「KING OF TIMEの利用に関する質問グループ」というグループを作成しておけば、「○○の操作方法がわからないので教えてください」と疑問を感じた社員が担当者にTOを付けて送信するだけで、質問することができます。気軽に質問できるだけでなく、他の社員にも質問と回答が共有されますので、同様

図表2-10-②　Chatworkのインターフェース例

の疑問を抱えていた社員も同時に回答を知ることができます。また、Chatworkでは画像や動画の共有も簡単ですので、言葉で説明しにくい場合、回答者は画像や動画を投稿することで回答に代えることもできます。

全体に公開されてはまずい質問内容も、ダイレクトメッセージという機能を使って、担当者だけに送ることが可能です。

なお、せっかくビジネスチャットを導入するのであればHRテクノロジーに関する質疑応答だけでなく、社内の意見交換や懇親のプラットフォームとして上手に活用すれば、風通しの良い社風づくりにも貢献してくれるはずです。

10-6　クラウドストレージの導入

HRテクノロジーの導入を円滑に行うためには、データの保管方法についても検討をする必要があります。

例えば、クラウド給与計算ソフトを導入したのに、就業規則や賃金規程、住民税の通知書、社会保険料の決定通知書などが紙ベースでファイリングされていて、いちいち書庫まで取りに行かなければならないとなると、効率化の効果も半減してしまいます。

そこで、上記のような書類はすべて PDF データ化してクラウドストレージ（クラウド上のデータ共有サービス）に保管することをおすすめします。クラウドストレージの代表例は、Google 社の「Google ドライブ」、Dropbox 社の「Dropbox」、Microsoft 社の「OneDrive」などが挙げられます。クラウドストレージにデータが保存されていれば、自分のパソコンからいつでも必要なデータを閲覧することができます。閲覧権限はフォルダごとに設定することも可能です。

10-7 クラウドストレージサービスを上手に利用するための環境づくり①

クラウドストレージの導入に合わせ、デュアルディスプレイ化（ディスプレイを増設して2画面にする）することも業務効率化のためには非常におすすめです。

例えば、住民税の通知書を見ながらクラウド給与計算ソフトの従業員マスタに登録する場合、1画面で切り替えながら作業を行うのは非常に不便ですし、ミスの原因にもなります。デュアルディスプレイならば、片方の画面に住民税の通知書を表示し、もう片方の画面にはクラウド給与計算ソフトのインターフェースを表示して、左右を見比べながらデータを入力することが可能です。デュアルディスプレイは、USB ケーブルなどで接続すればノートパソコンでも気軽に設定することができますし、事務用として過不足ないサブディスプレイは1万円台から手に入ります。

10-8 クラウドストレージサービスを上手に利用する ための環境づくり②

　書類を PDF データ化してクラウドストレージに保存するにあたり、おすすめしたいのは PFU 社の「ScanSnap」です。複合機にもスキャン機能は付いていますが、スピードや精度を考えると専用機の ScanSnap に軍配が上がります。

　ScanSnap は、25枚/分という高速での読取りが可能で、両面原稿か片面原稿かも自動で判別します。両面原稿と片面原稿が混ざっている場合でも両面原稿は両面を、片面原稿は片面だけを自動判別して過不足なくスキャンしてくれます。名刺などの小さな原稿のスキャンも得意です。

　社内に紙資料が多く、ScanSnap を使ってもなお大きな手間がかかりそうな場合や、紙ベースのデータ管理から PDF データでの管理に移行するために一時的に大量の書類のスキャンが必要という場合は、スキャン代行サービスに外注するのも手です。インターネット上で「スキャン代行」とキーワード検索をすると、個人向けの事業者もヒットしますが、大塚商会や Kinko's のような B to B 事業者が行っているスキャン代行サービスや、スキャンマン社のような法人向けスキャン代行の専門事業者といった、法人の書類をスキャンするノウハウや実績を持っている企業に依頼するのが間違いないでしょう。

10-9　雇用契約書や誓約書の電子化

　紙の書類を減らすという観点からもう１つ申し上げると、雇用契約書や入社時の誓約書などの PDF データ化も、人事労務部門の効率化につながります。とは言え、紙の契約書に署名押印したものをスキャンして PDF データで保存する訳ではありません。

　電子署名により雇用契約書を取り交わしたり、誓約書に署名をし

てもらったりするということです。

　電子署名で契約書を取り交わすというと、難しさや大掛かりなIT投資が必要なのではないかという印象を持つかもしれませんが、決してそのようなことはありません。「クラウド契約書締結サービス」を利用することで、企業側と本人のメールアドレスを利用して法的に有効な電子署名による契約を締結することができます。クラウド契約書締結サービスの代表例には、弁護士ドットコム社の「Cloudsign」、GMOクラウド社の「Agree」、米国ドキュサイン社の「DocuSign」などが挙げられます。より具体的にイメージが持てるよう、Cloudsignを用いて雇用契約書を結ぶ場合を例に、クラウド契約書締結サービスを使って契約が成立するまでの流れを説明すると、次の①〜⑥のように進みます。

① 企業側でCloudsignのアカウントを作成
　　（アカウントの開設には企業としてのメールアドレスが必要）

② Wordなどで作成した雇用契約書をPDFデータ化した上でCloudsignにアップ

③ アップされた雇用契約書に企業側が電子署名をする

④ 契約書を社員のメールアドレス宛にCloudsign上のシステムから発信

⑤ 受け取った社員がCloudsignの案内に沿って電子署名を行う

⑥ 双方の電子署名が済んだ雇用契約書は、クラウドサイン内の締結済契約書のフォルダにて保管

10　HRテクノロジーの定着や運用を助けるクラウドサービス

電子署名された PDF データの中には、有効な電子署名が取り交わされたことを証明するデータが埋め込まれています。裁判などで契約の有効性を示す場合は、このデータが証拠能力を担保します。

売買契約書や業務委託契約書のような対外的な契約書の場合は、客先や取引先の理解が得られなければ電子署名による契約に切り替えることは難しいですが、雇用契約書や誓約書のような対内的な契約書であれば理解が得やすいので、まずは人事労務部門の契約書からクラウド契約書締結サービスを活用した電子化を進めるというのも良い手ではないでしょうか。

クラウド上に雇用契約書が保存されていれば、当該社員の人事マスタを人事労務 freee や MF 給与などに登録する際にも容易に参照することができますので、事務処理の効率化にもつながります。

2019年4月からは、従来は紙での交付が必須だった労働条件通知書を電子メールや SNS 等で交付することが解禁されましたので、Cloudsign などで雇用契約書を結べば、労働条件通知書の交付義務も果たしたことになります。

なお、SmartHR では、マスタとして登録されている従業員情報をもとに、雇用契約書を自動作成し、クラウド上で取り交わすサービスを2018年8月にリリースしていますので、雇用契約書の作成・締結業務の効率化にも SmartHR は貢献します。

第3章
HRテクノロジーの具体例

　第2章では、HRテクノロジーの個々のサービスについてどのような種類のものがあるのかを説明しました。必要に応じ具体的なサービス名も挙げてきましたが、まだまだイメージがおぼろげな方も少なくないかもしれません。そこで、すべての企業で是非導入を検討していただきたい第1段階のHRテクノロジーに関し、代表的なサービスの内容をさらに掘り下げていきたいと思います。

　従来のパッケージ型の業務ソフトに比べ画面構成がわかりやすいということや、クラウドで情報を共有しながら企業と社員が一体となってどのようにHRテクノロジーを使っていくかのイメージを持っていただければ幸いです。

　そして、何よりも、本書でHRテクノロジーの具体的なソフトに触れ、親しみを持っていただければ嬉しいです。

1 KING OF TIME を使ってみよう

　まず使い方を具体的に説明したいのは、クラウド勤怠管理ソフトです。クラウド勤怠管理ソフトの代表格、KING OF TIME（以下、「KOT」という）を例に、説明をしていきます。

1-1　30日間無料体験に申し込む

　KOTを使い始めるにあたっては、最初の30日間は無料体験ができます。KOTのトップ画面の上部に「30日間無料お試し」というボタンがありますので、こちらのボタンをクリックしてメールアドレスなどを入力して「送信する」ボタンを押すと、無料お試しの申込

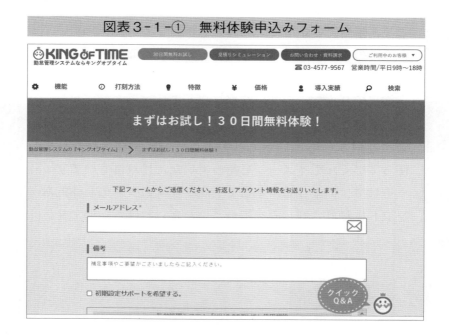

図表3-1-①　無料体験申込みフォーム

図表 3-1-② ログイン URL 等通知メール

【勤怠管理システム KING OF TIME】アカウント発行のご案内

no_reply@kingtime.jp

ご担当者様

KING OF TIMEのアカウント発行をいたしました！
ログイン情報をお送りいたしますので、ご確認ください。

■ 30分でスタート！KING OF TIMEのはじめ方 ─────────────

たった 2 つのステップで、KING OF TIMEを開始していただけます。

◆ 1.KING OF TIMEにログインする。
・ ログインURL :
・ ログインID :
・ 初期PW :

◆ 2.KING OF TIMEクイックスタートガイドに添って設定をする。
クイックスタートガイド : http://kotsp.info/manualfiles/kot_quickstart.pdf

---

みが完了します。無料お試しのアカウントから、そのまま正式利用へ移行することが可能です。

30日間無料体験に申し込むと、指定したメールアドレスに、図表3-1-②のようなメールが届きます。このメールに、ログインをする場所にアクセスするための URL とログイン ID、初期 PW（パスワード）が記載されています。

KOT は、トップページから管理者用のインターフェースにログインする場所に行くことも可能ですが、若干複雑な操作が必要なので、送られてきた URL をブラウザの「お気に入り」に追加するなどして、直接ログイン画面に行けるようにしておくのがよいです。初期 PW はログイン後、任意のものに変更することが可能です。

1　KING OF TIME を使ってみよう

1-2　ホーム画面の構成を理解する

　ログインに成功すると、図表3-1-③のホーム画面が表示されます。ホーム画面は、一度理解して慣れてしまえば非常に合理的に構成されていて使いやすいのですが、全体の構成を理解していないと混乱してしまうかもしれませんので、まずはここでホーム画面の見方を説明します。

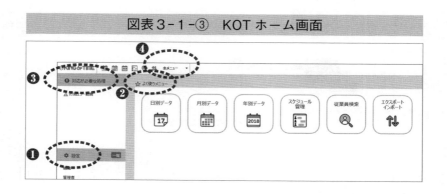

図表3-1-③　KOTホーム画面

　まず、画面左下のエリアの「設定」という部分に注目してください（❶）。ここから初期設定を行ったり、運用開始後の設定の追加や変更を行ったりすることができます。社員が打刻を行うための電子タイムカードリーダーや指紋認証装置との接続操作も、ここから行います。

　初期設定が終わり運用が開始されたら、日常的には右側3分の2にある「よく使うメニュー」を参照します（❷）。日別、月別、年別で社員の勤怠状況を確認したり、給与計算ソフトに連携させるためCSVデータをエクスポートしたりすることができます。

　左上のエリアには「対応が必要な処理」が表示されます（❸）。例えば、打刻漏れがあった場合のアラートや社員からの打刻修正の申請などは、随時このエリアに表示されます。管理者が修正等の対応をすると、対応したものは表示が消えます。勤怠のイレギュラー発

図表3-1-④　KOT全メニュー

全メニュー　▲			
メニュー			
勤務データ	スケジュール	確認	その他
日別データ	スケジュール管理	エラー勤務	従業員検索
月別データ	休暇管理	締め状況	エクスポート / インポート
年別データ		申請承認	メッセージ管理
組織別データ			

生を知らせてくれますので、紙のタイムカードを1枚1枚チェックして打刻漏れを探すという作業から解放されます。HRテクノロジーが、その工数を代行してくれるということです。

　最上部の欄外に小さく表示されている「全メニュー」（❹）をクリックすると、図表3-1-④の画面が現れ、「よく使うメニュー」には表示されていない細かな操作画面にアクセスすることができます。

1-3　初期設定を行う

　KOTのホーム画面の構成を大まかに理解していただいたところで、初期設定の話に進みます。第2章でクラウド勤怠管理ソフトは初期設定のハードルが意外に高いという話をしましたが、KOTの大きな強みは、サポート体制の充実です。

　アカウント発行時のメール内にリンク先URLが表示（図表3-1-②参照）されている「クイックスタートガイド」は秀逸で、これに沿って初期設定を進めれば、大幅にスムーズになります（図表3-1-⑤）。フレックスタイム制や裁量労働制を適用する社員の設定とか、「丸め」の設定といった応用操作までは対応していませんが、通常の1日8時間、1週40時間の勤務体系の企業が社員情報の登録やタイムカードリーダーの設定を行い、出退勤を記録できるようにするという段階までは、たった10ページとコンパクトにまとめられた「クイックスタートガイド」で十分対応できます。

1　KING OF TIME を使ってみよう

図表3-1-⑤　クイックスタートガイド

KING OF TIME

運用開始の流れ

このガイドでは、最短で運用を開始していただくための
4つのステップをご案内いたします。

STEP 1 「所属」を作る

STEP 2 「雇用区分」を作る

STEP 3 「従業員」を登録する

STEP 4 「タイムレコーダー」を設定する

運用開始

ちゃんと設定できるかなあ…。

センパイ…ッ！！

ふふふ、大丈夫よ。
まずは基本の4ステップから始めましょう。
小さくスタートして骨子を理解すれば、複雑な
設定も怖くなくなるわ！

1

ⓞ KING OF TIME

STEP 1 「所属」を作る

(所要時間：約5分)

店舗や事業所など、タイムレコーダーの設置場所を登録します。
申請承認フローが部署やチーム単位で分かれている場合は、
その最小単位で登録します。

ホーム画面の「設定」 > 組織 > 所属設定 にて、
所属データの新規登録や設定変更を行います。

まずは、用意されているサンプルデータ「本社」をご活用ください。
編集画面を開いて「所属コード」「所属名」を編集し、上書き登録してみましょう。

2

1 KING OF TIME を使ってみよう

115

KING OF TIME

STEP 2 「雇用区分」を作る

(所要時間：約5分)

正社員やアルバイトなど、雇用形態の分類を登録します。
集計ルールを設定する箇所のため、同じ「正社員」でも、
締め日や残業計算のルールが異なる場合は分けてください。

ホーム画面の「設定」＞「従業員」＞「雇用区分設定」にて、
雇用区分データの新規登録や設定変更を行います。

まずは、サンプルデータ「正社員」または「パート・アルバイト」をご活用ください。
編集画面を開いて「締め日」を設定し、上書き登録してみましょう。

STEP 3 「従業員」を登録する

(所要時間：約 10 分)

勤怠管理を行う従業員を登録しましょう。

ホーム画面の「設定」＞「従業員」＞「従業員設定」にて、
従業員データの新規登録や設定変更を行います。

[新規登録] ボタンをクリックして、まずは 2～3 名を登録してみましょう。
基本の設定項目は以下となります。

従業員コード (必須)	従業員を識別するコードを登録します。
姓名 (必須)	従業員の名前を登録します。
メールアドレス	STEP4 で My レコーダーURL を送付する際などに必要です。また、申請承認時のメール通知先などに使用されます。
所属 (必須)	STEP1 で作った所属を選択します。
雇用区分 (必須)	STEP2 で作った雇用区分を選択します。
入社年月日	有休付与を管理する際などに使用されます。また、入社年月日前の打刻は行えません。

KING OF TIME

STEP 4 「タイムレコーダー」を設定する
（所要時間：約 10 分）

タイムレコーダーへのアクセス方法、及び
インストール手順が記載されたメールを送信しましょう。
タイムレコーダーには「個人用」と「所属用」があり、
それぞれ操作箇所が異なります。

個人用タイムレコーダー

個人のモバイルや PC で打刻するタイプのタイムレコーダーです。
2 種類のレコーダーがあります。

タイムレコーダーの名称	打刻方法	詳細
My レコーダー	ブラウザでのクリック認証	スマートフォンや PC のブラウザでタイムレコーダー画面にログインします。
携帯ブラウザレコーダー	ブラウザでのクリック認証	携帯電話（ガラケー）のブラウザで固有のタイムレコーダーURL にアクセスします。 ・スマートフォンブラウザでの表示も可能です。 ・PC ブラウザでは開けません。

特別なアプリをインストールしなくても使える
お手軽なタイムレコーダーなのじゃ。
位置情報を記録するから、外回り時の打刻などに便利じゃ！

5

管理者が行うこと

タイムレコーダー情報を従業員にメール通知します。
(STEP3 で、従業員のメールアドレスを登録しておく必要があります)

1. ホーム画面の「設定」 > 「従業員」 > 「従業員設定」にて、所属を一つ選択して表示すると[メール送信]ボタンが表示されますので、これをクリックします。

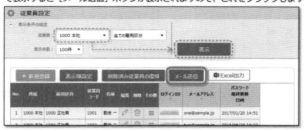

2. メールテンプレート選択にて「My レコーダー用」を選択し
   [反映]ボタンをクリックします。

3. 送信対象者を選択して、画面最下部[メール送信]をクリックします。

従業員が行うこと(打刻)

タイムレコーダー情報がメールで届いたら、タイムレコーダー画面を開いて
打刻を開始します。利用方法は「従業員マニュアル」をご参照ください。

所属用タイムレコーダー

1つのタイムレコーダーを共用し、入り口などに設置して使用します。
生体認証やICなど、様々な打刻方法があります。

タイムレコーダーの名称	打刻方法	詳細
Windows デスクトップ版 タイムレコーダー	生体認証	アプリケーションをインストールしたPCに生体認証リーダーを接続し、指をかざして打刻します。 ※生体認証リーダーには、指ハイブリッドリーダー、指静脈リーダー、指紋リーダーの3タイプがあります。
	IC認証	アプリケーションをインストールしたPCにICカードリーダーを接続し、ICカードをかざして打刻します。
	パスワード認証	アプリケーションをインストールしたPCにパスワードを入力して打刻します。
カメレオンコードレコーダー	カメレオンコード認証	iPadアプリでカラーコードを撮影して打刻します。
クラウドレコーダー	ブラウザでのクリック認証	WEBブラウザでタイムレコーダーURLにアクセスし、パスワードを入力して打刻します。
ピットタッチシリーズ	打刻専用機 (IC認証)	打刻専用の端末で打刻します。
BT-2000 (ビーティーニセン)	打刻専用機 (IC認証、生体認証)	打刻専用の端末で打刻します。

KING OF TIMEには様々な認証方法がありますのよ!
・不正打刻を防ぎたい
・カードで管理したい
・とにかく手軽に打刻したい　etc.…
お客さまの職場に一番ふさわしい打刻方法を
お選びになれますことよ!

7

第3章　HRテクノロジーの具体例

⊙ KING OF TIME

設置方法

タイムレコーダー設定情報をメール送信します。

1. ホーム画面の「設定」 > 「組織」 > 「タイムレコーダー設定」を開きます。
2. 所属別タイムレコーダー設定に、STEP1 で作った所属名が表示されていますので、その他 [≡] より「タイムレコーダーURL 送信」ボタンをクリックしてください。

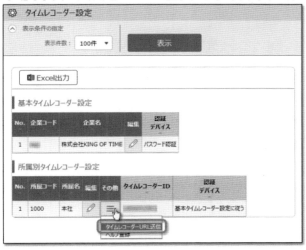

8

3. 送信先メールアドレスを入力して、［メール送信］をクリックします。

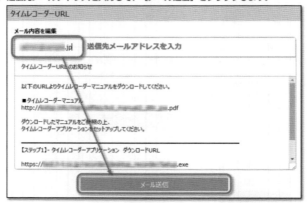

4. 上記で入力したメールアドレス宛にタイムレコーダーの設定情報が送信されます。
メール本文に、タイムレコーダーマニュアルのリンクが記載されておりますので、
マニュアルに従ってタイムレコーダーをセットアップしてください。
使い方等もマニュアルに記載されております。

「ピットタッチ・シリーズ」、「BT-2000」のご利用開始には、特に管理画面での操作は必要ございません。セットアップした状態でご納品いたしますので、電源投入後、LANに接続するだけでご利用いただけます。

運用開始！

打刻データは、「☆よく使うメニュー」内の
「日別データ」で確認できます。

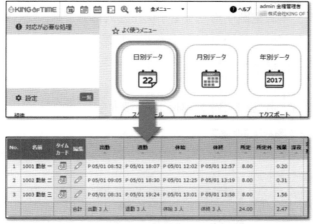

センパイ！できました～！！

最初の一歩をクリアできたようね、おめでとう！！

KING OF TIMEでは、もっと高度な集計管理ができるのよ。これから、やりたいことに応じて設定を追加していきましょうね。

1　KING OF TIME を使ってみよう

この10ページのマニュアルを読んでもわからないことが出てきたり、マニュアルに記載のない応用的な設定（例えば、フレックスタイム制の勤怠集計をしたい等）を行ったりしたい場合には、オンラインヘルプのページを参照するか、サポートデスクに電話をすることで解決することができます。

　KOTのオンラインヘルプは、わかりやすさ、ボリュームの面で定評があります。電話サポートも「現在○人待ちです」「次はあなたの番です」などの小まめな案内があり、可能な限りユーザーに負担やストレスをかけないという工夫を感じることができます。

図表3-1-⑥　オンラインヘルプ

1-4　勤怠の打刻を行う

　初期設定が終わったら、いよいよ自社の打刻方法に沿って、各社員に出勤時や退勤時などに打刻をしてもらいます。

　カードリーダーによる打刻を行うならば、カードリーダーの設置場所を社員に周知し、出社時と退出時に漏れなく打刻をしてもらいます。なお、カードリーダーには、初期設定が終わった後から運用開始までの間に、各社員の交通系ICカードや社員証などを登録しておく必要があります。カードリーダーの種類によって登録方法は異なりますので、各ハードウェアの説明書に沿って対応をしてください。

　各自のパソコンやスマートフォンのブラウザで打刻を行うならば、各社員のメールアドレスに打刻用のURLが届き、全員が打刻をできる状態になっているかを確認した上で、運用を開始してください。

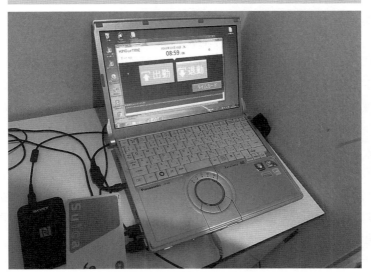

図表3-1-⑦　ノートパソコンに接続したカードリーダーによる打刻の様子

ちなみに、当社の場合はノートパソコンに接続するタイプのカードリーダーを使っています。各社員の Suica を登録し、出勤時、退勤時に打刻をしてもらっています。

　当社のように余っているノートパソコンがあれば、カードリーダーは数千円で手に入りますのでリーズナブルに打刻ができる体制が整います。余っているノートパソコンがない場合は、パソコンに接続せずに単独で使える打刻専用端末を導入するか、リユースショップなどで中古のノートパソコンを買ってくるのもよいでしょう。KOT の打刻には高スペックなノートパソコンである必要はありませんので、3 〜 4 万円程度の予算があれば必要十分なスペックの中古ノートパソコンが手に入るはずです。

1-5　打刻漏れなどの打刻修正を申請する（必要に応じ）

　社員が打刻を忘れてしまった場合や、誤った打刻をしてしまった場合には、社員本人から打刻修正の申請をしてもらいます。打刻を忘れてしまったケースを例に、手順を説明します。

　まず、タイムカードを打刻するパソコンからカードで認証するか、自身のパソコンのログイン画面より ID とパスワードを入力して KOT にログインすると、図表3-1-⑧のような「日別データ」というカレンダー形式の画面が表示されますので（表示されない場合は画面を下へスクロールしてください）、打刻漏れがあった日の「申請」欄をクリックしてプルダウンメニューを表示させ、「打刻申請」をクリックしてください。

　そうしますと、図表3-1-⑨の画面に移行しますので、打刻種別で「退勤」を選び（❶）、打刻し忘れた日の日付と退勤時刻を選択します（❷）。申請メッセージの欄には、なぜ打刻申請をするかの理由を簡潔に記入しましょう（❸）。

　以上を入力したら、図表3-1-⑨の左上と右下に表示されている

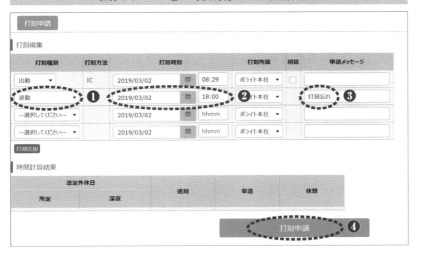

図表3-1-⑧

図表3-1-⑨ 打刻修正の申請画面

「打刻申請」というボタン（❹）をクリックすると管理者へ打刻申請の依頼が通知されます（左上、右下どちらのボタンを押しても大丈夫です）。

管理者は、メイン画面の左上に表示される打刻申請があった旨の
メッセージか、あるいは管理者宛に発信される「打刻申請がありま
した」という通知メールで、申請があったことを知ります（図表3-
1-⑩）。管理者はインターフェースに沿って、承認または棄却の処
理をします（図表3-1-⑪）。

1-6　勤怠の締めを行う

　1カ月の勤怠の入力が終わったら、勤怠の管理者は「締め」の作
業を行わなければなりません。「勤怠を締める」とは、社員の勤怠
データに基づいて給与計算を行うことができるよう、打刻漏れや間
違いがないかを確認したり、遅刻・早退や有給休暇の取得等が正確
に反映されているかも確認したりして、正しい給与計算を行うため
の前提条件となるデータを集計する作業です。

　勤怠の締めが不正確だと給与計算の結果も誤ったものになってし
まいますし、給与計算担当者が給与計算を開始した後に何度も勤怠
の修正が入ると、給与計算担当者にとって大きなストレスになりま
すから、勤怠の集計は正確に行う必要があります。

　勤怠の締めを行う際のKOTの操作としては、月別のタイムカー
ドの画面の左上に「勤怠を締める」のボタンがありますので、打刻
漏れや間違いがないことの確認が終わったら、このボタンを押して
その月の勤怠を確定させます（図表3-1-⑫）。

　勤怠が確定されたら、管理者が解除操作をしない限り、勤怠打刻
の変更ができなくなりますので、誤操作などにより事後的に勤怠が
変更されることを防ぐという意味もあります。

図表3-1-⑩ メイン画面に表示されるメッセージ

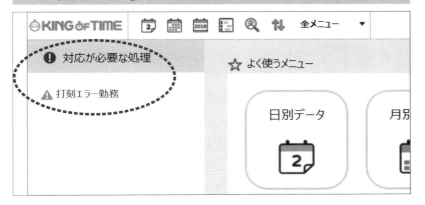

図表3-1-⑪ 管理者の処理画面

図表3-1-⑫ 「勤怠を締める」ボタンの画面表示

1 KING OF TIME を使ってみよう

1-7　給与計算ソフトへ勤怠情報を連携させる

　勤怠を締めたら、勤怠ソフト側の最終段階です。給与計算ソフトとの連携を行い、給与計算ソフトに勤怠データを送り込むための準備をします。

　勤怠ソフトとの連携には、既に説明したように、CSV連携とAPI連携の2種類がありますので、CSV連携の場合から説明します。

　CSV連携を行うためには、まずは、ホーム画面で「エクスポート/インポート」をクリックします（図表3-1-⑬）。クリックすると、次の画面に移行します（図表3-1-⑭）。

　給与計算は基本的には月単位で行いますので、「月別データ」のCSVファイルを給与計算ソフトにエクスポートします（❶）。ただし、あらかじめ、KOTで管理している情報のうち、どの情報をエクスポートするのかを設定する必要があります。その設定作業が、月別データのCSVファイルを出力するボタンの横にある「出力レイアウト作成」です。ここをクリックして（❷）、データの出力範囲を設定した上で（図表3-1-⑮）CSVファイルをエクスポートし、そのファイルを給与計算ソフトに取り込みます。

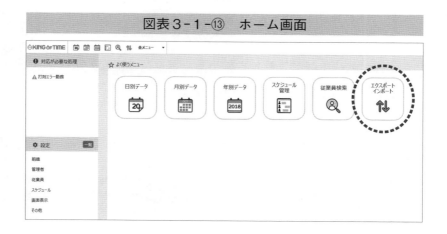

図表3-1-⑬　ホーム画面

図表3-1-⑭ 給与計算ソフトと連携するデータの選択を行う画面

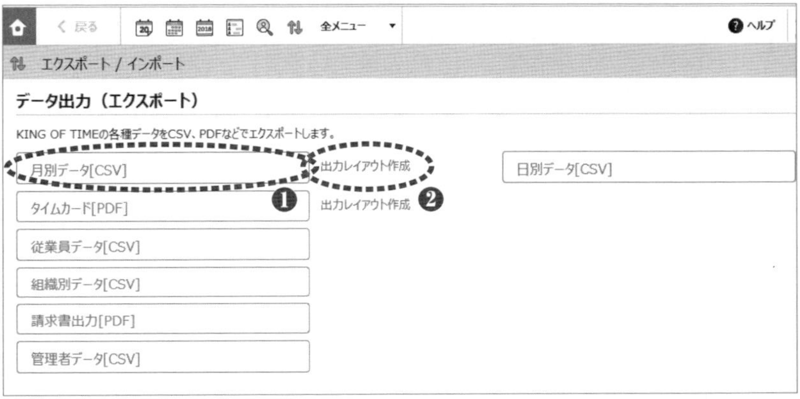

図表3-1-⑮ データの出力範囲を選択する画面

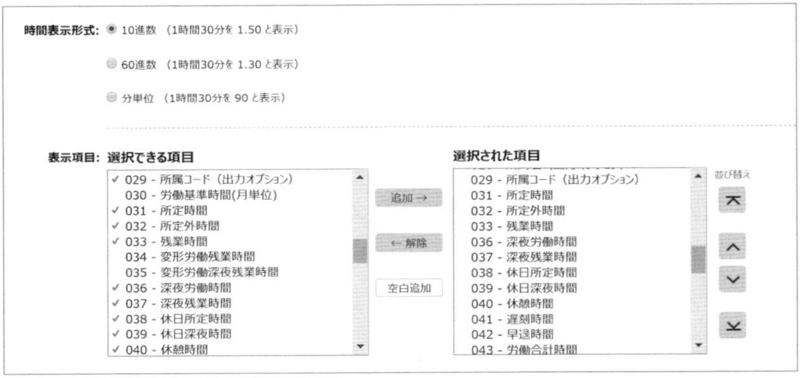

　さて、ここまで CSV 連携について説明してきましたが、いまいちイメージを持てない方も少なくないと思います。それは仕方がありません。CSV 連携は、言葉で言うのは簡単ですが、実際にやってみるとかなり難易度が高い作業です。ですから、本書でも CSV 連携はおすすめしません。なるべく次に説明する API 連携を使っていただきたいです。

　API 連携は、CSV 連携のような面倒な設定は不要で、KOT から

図表3-1-⑯　アクセストークン発行の申込画面

発行されるアクセストークン（パスワードのようなもの）を給与計算ソフトに入力すれば自動的に勤怠ソフトと給与計算ソフトがクラウド上で連携される仕組み、とイメージしてもらえばよいと思います。

アクセストークンの発行申込みは、図表3-1-⑯で連携したい給与計算ソフトにチェックを入れて、画面下部に表示される「送信」ボタンをクリックして行います。

KOT側でアクセストークンの発行準備ができると、管理者のメールアドレス宛にアクセストークンを記載したメールが届きます。届いたアクセストークンを給与計算ソフトの指定の場所にコピー＆ペーストすれば、API連携は完了です。複雑な設定をせずに勤怠集計結果を給与計算ソフトに取り込むことが可能になります。

図表3-1-⑰は人事労務freeeの給与計算ソフトの画面ですが、上部にあるメニューバーから「設定」（❶）を選んでクリックすると

図表3-1-⑰　給与計算ソフトの画面に表示されるアクセストークンの入力スペース

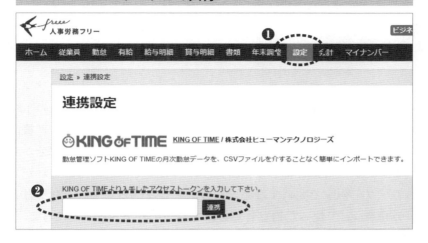

様々なメニューが表示されますので、その中から「連携設定」を選んでクリックすれば、KOTから入手したアクセストークンを入力する場所が表示されます（❷）。

なお、API連携を失敗しないために気を付けていただきたいのは、KOTと人事労務freeeで「従業員番号」を一致させておく、ということです。「KOTのAさんの勤怠情報を人事労務freeeのAさんの給与計算に紐づける」という自動連携は、双方の従業員番号が一致していることで行われる仕組みになっているからです。

給与計算ソフトへの勤怠データの取込みまで完了すれば、KOTの運用はひとまず軌道に乗ったということなります。

2 人事労務 freee を使ってみよう

　人事マスタ、勤怠管理、給与計算、労務手続などを1つのソフトで管理できる人事労務 freee は、代表的な HR テクノロジーの1つです。メイン機能の給与計算は完成度が高いですが、勤怠管理機能や人事労務手続機能は、専門 HR テクノロジーに比べ弱い部分があります。とは言え日常的な労務管理のおおよそに対応し、それが1つのソフトの中で完結するというのは大きな魅力です。それでは人事労務 freee の使った勤怠管理と給与計算の仕方を紹介します。

2-1　アカウントを開設する

　利用開始にあたって、まずアカウントを開設する必要があります。図表3-2-①の画面で必要最小限の情報を入力すると、アカウントを開設することができます。

　開設に用いるメールアドレスは、人事労務 freee の管理者アカウントとなりますので、実際に人事労務 freee をメインで使う人のメールアドレスがよいでしょう。なお、複数の管理者を置きたい場合は、アカウント開設後に2人目以降の管理者を追加することができます。

図表3-2-①　アカウント開設画面

注意しなければならないのは、管理者アカウントの所有者には情報へのアクセス制限ができないということです。勤怠、給与などすべての情報にアクセスできるようになるため、勤怠の締めは任せたいが全社員の給与情報を見せることはできないといった場合、現時点では勤怠管理は他のソフトで行うこととするか、担当者を信頼してすべてを開示することとするかの二者択一になるでしょう。

　なお、人事労務 freee の利用料金は、図表3-2-②のとおり、ライトプランとビジネスプランがあります。

図表3-2-②　人事労務 freee の料金体系

料金/機能	ライトプラン	ビジネスプラン
料　　金	1,980円＋300円×人数（4人目以降）	ASK（1,000円/人ほどが目安）
給与計算	無制限（週8時間、1週40時間の法定労働時間を基本にした一般的な給与計算の自動化に対応）	無制限（左記に加え、裁量労働制やフレックスタイム制、固定割増手当等を含む高度な給与計算の自動化にも対応）
ＷＥＢ給与明細	利用可能	利用可能
法定三帳簿の自動作成	利用可能	利用可能
マイナンバー管理	利用可能	利用可能
年末調整自動化	利用可能	利用可能
勤怠/有給管理	パソコン/スマートフォンによる勤怠入力	左記に加え、WEB タイムレコーダーが利用可能
人事労務手続書類の自動作成	算定基礎届、月額変更届、年度更新に対応	左記に加え、入退社手続対応（電子申請は非対応）
サポート	チャットのみ	チャット＋電話

　本書のこの後の説明も参考にしていただきつつ、自社のニーズに合わせて、どちらのプランを契約するか選択してください。

2-2　初期設定を行う

　アカウントの開設が終わると、図表3-2-③の画面が表示されます。人事労務 freee では、「はじめにやること」として、各種設定方法を順番に案内してくれるので、何から設定すればよいのか迷うことなく進められるインターフェースになっています。

図表3-2-③　初期設定画面トップページ

①　給与規定の設定

　まずは「給与規定の設定画面へ」という緑色のボタンを押して、「給与規定」を設定します。ボタンを押すと図表3-2-④の画面へ遷移します。

　1つ1つの詳細設定においても、何をすればよいか順序立てて案内されているのに加えて、給与計算の詳しい知識がなくても可能な限り迷わず初期設定ができるよう配慮されています。一例として、図表3-2-⑤の画面をご覧ください。

図表3-2-④　給与規定の設定画面トップページ

図表3-2-⑤　健康保険・厚生年金保険の設定画面

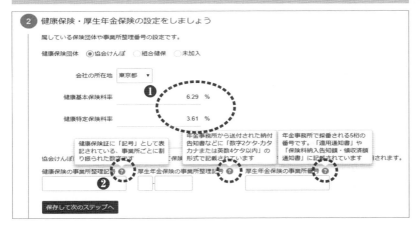

　これは、「②健康保険・厚生年金保険の設定をしましょう」をクリックすると表示される画面ですが、会社所在地の都道府県を選ぶと、保険料率が自動的に設定されるようになっています（❶）。これは人事労務 freee がクラウド上で常に最新の社会保険料率にアップデートされているからこそ対応可能なことで、インストール型のソフトではこうはいきません。

もう一つ特徴的なのは、随所にある「？」マークをクリックすると、そこに何を記入すべきかの説明文が出てくるということです（❷）。人事労務 freee では、ユーザーが入力に迷いやすそうな場所にこのヘルプマークを配しています。ユーザーが困らないようにすることはもちろん、オンラインでヘルプページを見に行ったり、取扱説明書のページをめくって探したりする手間を省くことができるように、効率化の面も踏まえた配慮がされています。

② 勤務・賃金の設定と料金プラン

　給与規定の次は、勤務・賃金の設定です。「勤務・賃金設定画面へ」のボタンをクリックすると、図表3-2-⑥の画面が表示されます。

　1日8時間、1週40時間（8時間×5日）の通常の勤務体系ならば「固定時間制」で足りますので、こちらをクリックして次の画面に進みます。「管理監督者」が存在する企業はビジネスプランで対応するのが原則ですが、管理監督者が1人や2人であれば、手計算で割増賃金をゼロに修正するなどしてライトプランのままでも対応することは可能です。しかし、社員数が多く、管理監督者が多数いる企業の場合は業務の効率化やミスを防止する観点から、必要コストと認識してビジネスプランを契約し、管理監督者の労働時間管理および給与計算を自動化させるべきでしょう。

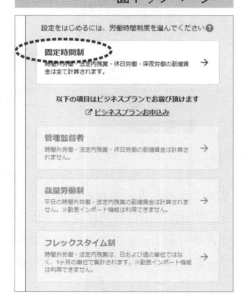

図表3-2-⑥　勤務・賃金設定画面トップページ

裁量労働制やフレックスタイム制など特殊な労働時間制を適用している場合は、もちろん手計算では厳しいのでビジネスプランの契約が必要です。ビジネスプランを申し込む場合は、画面上の「ビジネスプランお申込み」をクリックして、遷移先の画面で必要事項を入力して申し込みます。

　なお、管理監督者がいたり裁量労働制やフレックスタイム制を導入したりしている企業でも、勤怠管理を人事労務 freee とは別の勤怠管理専門ソフトで行い、既に集計した勤怠情報を API や CSV 連携で人事労務 freee へ流し込み、人事労務 freee では給与計算機能をメインで使うという前提でしたら、ライトプランで間に合います。

③　勤務・賃金の設定

　それでは、次は具体的に勤務・賃金設定の作成の画面を見ていきましょう。図表３-２-⑦のように、必要事項を上から順番に入力していくインターフェースになっています。縦長のスクロール画面で、図表３-２-⑦は上半分です。

　自社の勤務実態に基づいて入力していきますが、シフト制の場合は休日や出退勤時間をどう入力すればよいのか迷うと思います。その場合、「決まっていない」こととして空欄にしておいてよいのですが、そのことを知らなければ手が止まってしまうかもしれません。そのようなときは、チャットサポートなどを活用して疑問点を解消してください。

　１カ月の平均所定労働日数の欄も迷う人が多いようですが、ここは、端的に言えば「年間の要勤務日数を12カ月で割った数字」を入れる欄です。この数字がバックグラウンドで残業代の計算式などに組み込まれます。

　社内に給与計算に詳しい人がいて、既に自社で問題なく給与計算をこなしている企業がパッケージ型ソフトからクラウド型ソフトに乗り換えるという状況であれば、このあたりの設定は順調に進むと思います。しかし、新設法人でこれから給与計算を始めるために人

図表3-2-⑦　勤務・賃金設定の作成画面（上半分）

設定 » 勤務・賃金設定 » 勤務・賃金設定作成

勤務・賃金設定の作成

名称　必須	正社員
労働時間制度 ❓	固定時間制 ❓
備考	全ての正社員に適用する

休日

休日とする曜日 ❓	☑日 □月 □火 □水 □木 □金 ☑土
法定休日 ❓	日曜日　▼
祝日を休日にする	◉する ○しない
休日出勤時に代休を付与する ❓	○する ◉しない

出退勤時刻と労働時間

所定の出勤時刻 ❓	09:00
所定の退勤時刻 ❓	18:00
1日の所定労働時間 ❓	08:00
1週間の法定労働時間 ❓	◉40時間 ○44時間
1ヶ月の平均所定労働日数 ❓	21.00

事労務 freee を契約したとか、アウトソーシングしていたが内製化にチャレンジするために人事労務 freee を契約したという場合は、初期設定で少なからず疑問に直面すると思います。

　技術的なことはチャットサポートや電話サポートに相談できますが、法的な疑問点がある場合は、初期設定だけでも士業の認定アドバイザー制度を利用して、アドバイザーに認定されている社会保険労務士や税理士に相談してみるのがよいでしょう。認定アドバイザーは、freee 社のサイトから地域や強みなどで絞込みをして検索することができます。

　続いて、画面下半分の入力を行います（図表3-2-⑧）。

上半分よりも専門的な内容が多くなりますが、初期表示の状態で基本的かつ法律の定めに抵触しない内容で設定になっていますので、よくわからなければ初期表示のまま触らないほうがよいです。

　ただし、自社で既にきっちりとした賃金規定を作っている企業の場合は、自社の賃金規程と矛盾がないかを確認したり、人事労務

図表3-2-⑧　勤務・賃金設定の作成画面（下半分）

記録と計算方法

週の起算日	日曜日 ▼
遅刻・早退時間を記録する	○する ◉しない
遅刻早退・欠勤控除を自動計算する	◉する ○しない
時間外・休日・深夜労働	◉1分単位で計算　○1ヶ月の合計時間に対して30分未満切り捨て、30分以上切り上げ

割増賃金

法定内残業の割増率	0.00 %
法定内残業の賃金	100.00%
時間外労働の割増率	25.00 %
時間外労働の賃金	125.00%
休日労働の割増率	35.00 %
休日労働の賃金	135.00%
深夜労働の割増率	25.00 %
深夜労働の割増賃金	25.00%
深夜の法定内残業の賃金	125.00%
深夜の時間外労働の賃金	150.00%
深夜の休日労働の賃金	160.00%
60時間超の時間外労働に加算される割増率	25.00 %
60時間超の時間外労働の賃金	150.00%
深夜の60時間超の時間外労働の賃金	175.00%

端数処理

割増賃金の単価の端数	◉四捨五入　○切り上げる
遅刻欠勤・勤怠控除の単価の端数	◉四捨五入　○切り捨てる

　　保存　　キャンセル

2　人事労務 freee を使ってみよう

free で給与計算をしやすいよう給与規定の変更を考慮したりする必要がありますので、必要に応じ、社会保険労務士などの専門家に相談をしたほうがよいでしょう。

ここで、念のために説明をしておきますと、freee のインターフェースでは入力情報を反映させた後、「保存」というボタンをクリックしなければ入力情報の保存が完了しません。「保存」ボタンを押さないまま画面を閉じてしまうと入力のやり直しになってしまいますのでご注意ください。

③　部門・役職設定

部門・役職設定（図表3-2-⑨）は、現時点では所属先の登録ができるだけですが、将来的に機能が追加され、部門別の給与額の集計

図表3-2-⑨　部門・役職設定

をしたり、残業申請等の承認フローを運用したりするための基礎データとして利用されるようです。新機能がリリースされたときにスムーズに利用を開始できるよう、部門・役職を登録しておくとよいでしょう。

インターフェースに沿って対応すれば、部門や役職を迷わず登録できるようになっています。ここで登録した部門や役職は、次に設定する従業員情報と紐づけをすることができます。

④　従業員の登録

初期設定の最後のステップとして、「従業員を追加しましょう」があります。「従業員登録画面へ」というボタンをクリックすると、図表3-2-⑩の画面に遷移しますので、インターフェースに沿って必要な情報を入力していきます。

画面の下段に、詳細情報の入力について「はい、本人を招待して入力してもらいます」か「いいえ、管理者が入力します」を選択するチェックボックスがありますが、通常は入社時点で社員から履歴書や雇用保険被保険者番号などの情報を企業が預かっていますので、「いいえ、管理者が入力します」を選択して、管理者側で詳細情報の登録を進めるほうがスムーズです（❶）。

最下部の「詳細の登録に進む」（❷）をクリックすると、図表3-2-⑪の住所や通勤手当、社会保険・雇用保険の加入状況など、詳細情報を登録する画面に進みます。番号の部分をクリックすれば、項目ごとの必要情報を入力できるインターフェースが表示されます。

利用開始後の新入社員の詳細情報については、図表3-2-⑩の画面で「はい、本人を招待して入力してもらいます」を選択して、入社に必要な情報を入力してもらうためのインターフェースに入るリンクを本人にメールで送ることができますので、人事労務freeeを新入社員から入社時の必要情報を回収するためのプラットフォームとして運用することも可能です。

2　人事労務freeeを使ってみよう

図表3-2-⑩ 従業員情報登録画面

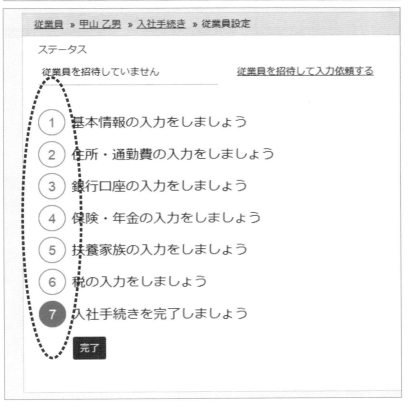

図表3-2-⑪　各従業員の詳細情報登録画面

⑤　従業員データのインポート

　最後に、CSV ファイルによる従業員データのインポートにも触れておきます。

　従業員を追加する操作は、原則として全社員について同じ操作を繰り返し行わなければなりません。5人や10人ならば何とかなりますが、数十人、数百人の企業で人事労務 freee を使い始める場合、1人ずつ登録操作を行うことは工数的に非現実的です。そこで、CSV ファイルを使って従業員のデータを一括登録する方法がある

2　人事労務 freee を使ってみよう

図表3-2-⑫　インターフェースのメニュー表示

図表3-2-⑬　従業員の一括新規登録（従業員データのインポート）画面

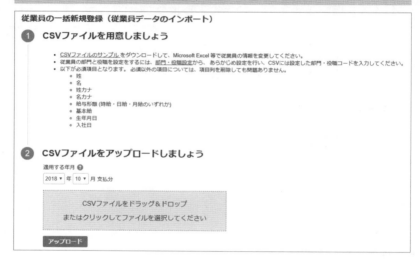

ことにも触れておきます。

　人事労務freeeのインターフェースの上部に表示されるメニューの中に「従業員」というタブがありますので（図表3-2-⑫）、ここをクリックして遷移先の画面で「一括登録・出力」のボタンをクリックすると、図表3-2-⑬の画面が表示されます。画面の案内に沿ってCSVファイルで一括登録を行ってください。

　このCSVファイルを用いた一括操作は、利用開始時の社員情報

の登録だけでなく、定期昇給で一斉に社員の基本給が変わるときや毎年6月の住民税の特別徴収額を一斉更新する際にも利用することができます。

以上が、人事労務 freee を使い始める初期設定となります。

2-3　勤怠管理機能を利用する

初期設定が完了したら、まずは社員に勤怠機能を使ってもらいます。社員が入力する1ヵ月の勤怠情報が給与計算の元データになりますから、勤怠入力が社内での運用の出発点になるということです。

①　社員を人事労務 freee に招待する

社員に入力をしてもらうためには、各社員を freee に招待して社員にログインしてもらい、従業員アカウントを開設してもらうことが必要です。アカウントを開設すると、そのアカウントでログインしたページにて勤怠等の情報を入力したり閲覧したりすることができるようになります。従業員アカウントは、管理者アカウントとは異なり、本人の情報のみ閲覧や入力をすることができるアカウントです。

招待は、図表3-2-⑭の画面でログインメールアドレスに当該社員のメールアドレスを入力し、「招待する」のボタンを押すことで完了します。招待された社員のメールアドレスには、ログインするためのリンクを含む、図表3-2-⑮のようなメールが届きます。

社員がリンクをクリックすると図表3-2-⑯の画面が開きますので、パスワードを設定すれば従業員アカウントの開設は完了します。招待された社員が複雑な操作をしなくてもアカウントを開設できるよう配慮されています。

図表3-2-⑭ 招待メールの送信画面

図表3-2-⑮ 社員に届く招待メール

　従業員アカウントでログインしたインターフェースは、図表3-2-⑰の画面です。社員がログインするとこの画面が表示されますので、上部の緑色のメニューから「勤怠」をクリックします。WEB給与明細の閲覧や、引越しなどで従業員情報が変更になった場合の申請などもこの画面から行います。

図表3-2-⑯ 社員のログイン画面

図表3-2-⑰ 従業員アカウントでのログイン後の画面

② 勤怠を入力する

「勤怠」をクリックすると、図表3-2-⑱のようなカレンダー画面が表示されます。日々の勤怠を入力すると、その情報が画面上部にリアルタイムで自動集計される仕組みになっています。カレンダー

図表3-2-⑱ 勤怠入力画面

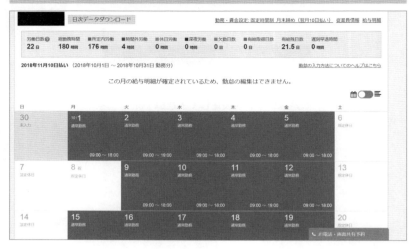

図表3-2-⑲ 勤怠入力のボックス

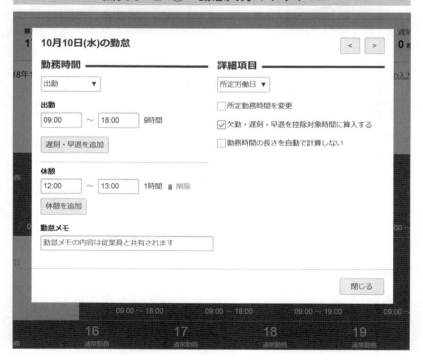

上の勤怠を入力したい日をクリックすると、勤怠入力のボックスがポップアップされますので（図表3-2-⑲）、このボックス内の表示に従って出勤時刻や退勤時刻を入力すれば勤怠入力が完了します。

　従業員に直接入力させず、上長などの管理者が入力することも可能です。また、ビジネスプランを契約している場合は、パソコン画面上での打刻やスマートフォンのアプリによる打刻も可能です。

　タイムレコーダーによる打刻や指紋認証などで勤怠を管理したい場合は、人事労務 freee では対応していませんので、KING OF TIME、スマレジ勤怠管理、IEYASU など専門のクラウド勤怠管理ソフトを別途導入し、API 連携や CSV 連携などで勤怠集計結果を人事労務 freee に取り込みます。

2-4　給与計算を行う

　給与計算の対象となる期間の勤怠の入力が完成し、従業員情報も最新の状態で正しく入力されているならば、基本的にはその瞬間に給与計算は終わっています。勤怠情報や従業員情報に基づき、人事

図表3-2-⑳　給与明細

甲山　乙男 (2)		差引総支給額	429,076

支給		控除	
月給	500,000	健康保険料	24,475
残業手当	59,669	介護保険料	0
勤怠控除	-23,808	厚生年金保険料	45,750
計	535,861	雇用保険料	1,500
		所得税	18,960
		住民税	16,100
		計	106,785

勤怠（2019年3月1日～2019年3月31日 勤務分）			
労働日数	22 日	欠勤日数	1.0 日 / -23,808
法定内残業時間	08:00 / 23,808	休日労働時間	08:00 / 32,141
時間外労働時間	01:00 / 3,720	深夜労働時間	00:00 / 0
遅刻早退時間	00:00 / 0	時間外労働時間 60時間超過分	00:00 / 0

労務 freee が裏側で計算を行い、自動的に給与明細が出来上がるのです。

人事労務 freee で作成された WEB 給与明細は**図表３-２-⑳**のとおりです。管理者は全員の給与明細を確認することができますが、従業員アカウントでログインする社員は、自分の給与明細だけを閲覧することができます。

なお、自動で給与明細が出来上がると言っても、一部手計算に頼らなければならない部分が残っていることには気を付けてください。具体的には、「月の途中で入社・退職があった場合の日割計算」「社会保険料の控除に漏れや間違いがあった場合の調整」「欠勤があった場合の手当の日割控除」などは自動計算では対応していないので、管理者の画面で「直接編集」という操作を行って、手計算で給与明細に反映させる必要があります。こういった自動計算されない分の手計算は、Excel などでフォーマットを用意しておき、前提条件となる数字を入力したら日割基本給が算出され、その数字を人事労務 freee に反映させるという仕組みを作っておくと便利です。その手順を Teachme Biz でマニュアル化したり、Bizer team でタスク管理のフローに落とし込んだりしておくと、忘れたり漏れが生じたりもしませんし、担当者が変わる場合の引継ぎも楽です。

本題とは話が逸れてしまいますが、「仕事が整理されていて引継ぎがしやすい企業」というのは、それだけで社員にとって大きな福利厚生になります。前任者の退職や転勤で後任者が仕事を引き継ぐときに後任者の負担が軽減されますし、日常的にも有給休暇や育児休業の取得にあたり、休む側もフォローする側もお互いに気持ちが楽になります。

2-5　その他人事労務 freee でできること

ここまで、人事労務 freee の初期設定から勤怠入力・給与計算完了までの流れを紹介してきました。この他、人事労務 freee でどの

ようなことができるのかを紹介します。

　ログイン画面の上部に表示される緑色のメニューから「書類」のタブをクリックすると、図表３-２-㉑の画面が表示されます。

　①給与の一括振込みを行うために金融機関へ提出する全銀フォーマット、②源泉所得税を納付するための所得税徴収高計算書、③労働基準法上事業所に備付け義務がある法定３帳簿（賃金台帳、出勤簿、労働者名簿）を、人事労務 freee で自動作成することができます。

　また、労働保険の年度更新、社会保険の算定基礎届といった、手続関係の業務も人事労務 freee で対応しています。ビジネスプランを契約すれば、入社・退職の手続書類も作成することができるようになります。ただし、作成した入社・退職の手続書類をそのまま提出できる電子申請には対応していませんので、この点については現時点では４で紹介する SmartHR に優位性があります。

　このように、人事労務 freee は、KOT や SmartHR といった各分野の専門ソフトには適わない部分が一部あるものの、人事労務業務を横断的に幅広くカバーするワンストップ型の HR テクノロジーであるということを実感していただけたと思います。

　なお、人事労務 Freee は、2019年１月21日に SmartHR と API 連携を開始しましたので、現在は、人事労務 Freee で勤怠管理や給与計算を行いつつ、人事労務手続は SmartHR 経由の電子申請に委ねる、という運用も可能となっています。

2　人事労務 freee を使ってみよう

図表3-2-㉑ 人事労務 freee で自動作成できる書類メニュー

| ホーム | 従業員 | 勤怠 | 有給 | 給与明細 | 賞与明細 | **書類** | 年末調整 |

給与・賞与振込時に使うもの

総合・給与振込依頼ファイル（全銀フォーマット）

税務署に提出するもの

所得税徴収高計算書

備え付けの義務があるもの

賃金台帳

出勤簿

労働者名簿

1年に1度申告するもの

労働保険の年度更新（6月1日〜7月11日）

算定基礎届（7月1日〜7月10日）

退職者へ発行するもの

退職した従業員の源泉徴収票

3 MF給与を使ってみよう

第2章でクラウド給与計算ソフトの2強は人事労務 freee と MF 給与と説明しましたが（62頁参照）、多機能型の人事労務 freee に対し、MF 給与は機能特化型で、操作性やインターフェースのイメージも随分異なりますので、対比して両者をより深く理解できるよう MF 給与の基本的な使い方を紹介します。

3-1　アカウントを開設する

まずは、アカウントの開設です。トップ画面の上部右側にある「新規登録」のボタンを押すと、図表3-3-①の画面に遷移しますので、管理者用として使いたいメールアドレスとパスワードを入力します。

メールアドレスとパスワードを設定し、「以下に同意して利用を開始する」のボタンをクリックすると、図表3-3-②の「事業所設

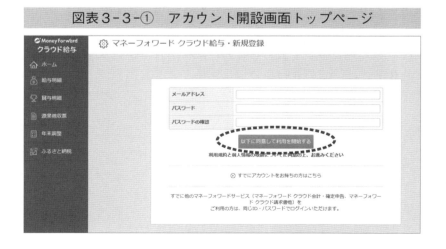

図表3-3-①　アカウント開設画面トップページ

図表3-3-②　事業所設定画面

定」の画面が表示されます。5項目すべてを入力したら「初期設定へ」のボタンをクリックします。

3-2　初期設定を行う

　図表3-3-②の画面で「初期設定へ」のボタンをクリックすると、図表3-3-③の画面に遷移します。MF給与は、アカウント開設後はそのまま初期設定に進むことができます。

　左側に初期設定としてやることが並んでいて（❶）、右側には必要事項を入力するインターフェースが順番に出てきます(❷)。人事労務freeeと同じくインターフェースは非常にわかりやすいので、案内に沿って必要事項を入力していけば初期設定が完了します。

　具体的には、次の6つを設定します。
①　締め日・支給日
②　休日
③　所定労働日数・所定労働時間
④　所得税計算
⑤　労働保険
⑥　社会保険

　なお、MF給与は給与計算に特化しているだけあって様々な細か

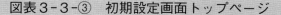

図表3-3-③　初期設定画面トップページ

い設定が可能です。例えば、図表3-3-④の休日を設定する画面においても、特定の曜日を休日にするだけでなく、「創立記念日」など、企業独自の休日を柔軟に設定することができます。

「社会保険を設定」まで入力を終えたら、図表3-3-⑤の従業員設定の画面に移ります。

MF給与では、「通常方式」「チュートリアル方式」「CSVインポート」の3種類から従業員情報を追加する方法を選ぶことができます。人数が多い場合は、効率の観点からCSVインポートを推奨します。人数がさほど多くない場合は、わかりやすい案内に沿って登録したいならチュートリアル方式を、自力で登録できそうなら通常方式を選ぶとよいでしょう。それぞれの方法の詳細はヘルプページを参照してください。

本書では、「通常方式」での流れを紹介します。

図表3-3-④ 休日の設定画面

図表3-3-⑤ 従業員情報追加方式の設定画面

第3章 HRテクノロジーの具体例

図表3-3-⑥　従業員情報の入力画面

　画面左側の「通常方式で追加」を選ぶと、図表3-3-⑥のようなポップアップが表示されますので、従業員の基本的な情報を入力します。

　KOTと連携させることを想定している場合は、従業員コード（❶）をKOTで登録している番号と一致させてください。必要情報の入力が終わったら「追加する」のボタン（❷）を押します。ボタンを押すと、図表3-3-⑦の画面に切り替わります。追加した従業員（甲山乙男さん）が登録されていることが確認できます。次に、甲山乙男さんに関する詳細情報を登録します。右端の「詳細設定」をクリックすると、図表3-3-⑧の給与計算に必要な各人の詳細情報を入力する画面に移ります。

図表3-3-⑦　登録済み従業員一覧

3　マネーフォワードクラウド給与を使ってみよう

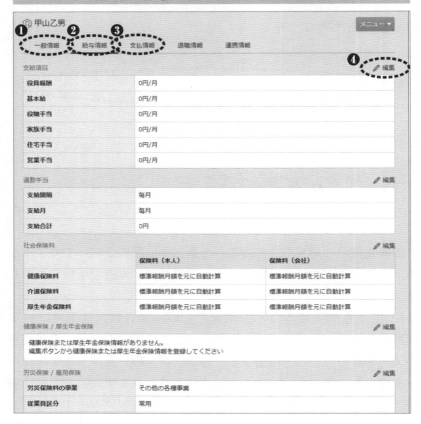

図表3-3-⑧　各人の詳細情報入力画面

　「一般情報」（❶）では住所や扶養情報など、「給与情報」（❷）では基本給や各種手当、各種保険の加入状況など、「支払情報」（❸）では給与の支払口座の登録を行います。各項目の右上にある「編集」（❹）をクリックすると、情報の入力画面が立ち上がるので、各人の情報を入力します。

　全員分の登録が終わったら、図表3-3-⑤の画面で左側に表示されるメニューの「基本設定」をクリックします（158頁参照）。

　すると、図表3-3-⑨の画面が表示されて保険料率の設定や割増賃金の計算式、諸手当の追加など、給与計算時の計算の条件を詳細

図表3-3-⑨ 給与の支給項目設定画面

支給項目	計算方法					時間数/日数	
役員報酬	従業員情報で設定	÷	1	×	1.0	× 1	詳細設定
基本給	従業員情報で設定	÷	1	×	1.0	× 1	詳細設定
役職手当	従業員情報で設定	÷	1	×	1.0	× 1	詳細設定
家族手当	従業員情報で設定	÷	1	×	1.0	× 1	詳細設定
住宅手当	従業員情報で設定	÷	1	×	1.0	× 1	詳細設定
営業手当	従業員情報で設定	÷	1	×	1.0	× 1	詳細設定
残業手当	割増基礎	÷	所定労働時間(月平均)	×	1.25	× 残業時間	詳細設定
法定内残業手当	割増基礎	÷	所定労働時間(月平均)	×	1.0	× 法定内残業時間	詳細設定
深夜残業手当	割増基礎	÷	所定労働時間(月平均)	×	0.25	× 深夜残業時間	詳細設定
法定休日手当	割増基礎	÷	所定労働時間(月平均)	×	1.35	× 法定休日所定内出勤時間	詳細設定

に設定することができます。

　MF 給与は、給与計算特化型の HR テクノロジーとして人事労務 freee 以上に細かい設定が可能です。しかしながら、それだけ設定の難度は高いということでもあります。特に初期設定に関しては、法律と IT の両方に詳しくなければ難儀してしまいがちです。月給制で基本給を支払い、割増賃金も法定どおり支払うということであれば基本設定を触る必要はありませんが、賃金規程に合わせて細かな MF 給与の計算ロジックを設定するとなると、自社での対応が難しくなる場合もあるでしょう。その場合は、HR テクノロジーに強い社会保険労務士などに導入支援を依頼したほうがよいかもしれません。いったん初期設定をしてしまえば、日常の運用は MF 給与も決して難しくありません。

3-3　勤怠を取り込む

　初期設定が終わると毎月の給与計算を行うことが可能になります。人事労務 freee ではソフト内に勤怠機能がありますが、MF 給与内に備わっている勤怠管理機能は最小限の機能で、基本的には給

与計算の前段階でクラウド勤怠管理ソフトから勤怠データを取り込むことを前提に設計されています。

例えば、KOT で勤怠管理を行っている場合であれば、**図表3-3-⑩**の「給与計算」の画面で右上の「メニュー」(❶) をクリックすると、「KING OF TIME からデータをインポート」(❷) が表示されますので、これを選択すれば KOT で集計された勤怠情報が自動で MF 給与に取り込まれます。ただし、この自動連携のためには、あらかじめアクセストークンを取得して API 連携の設定をしておくことが必要です。

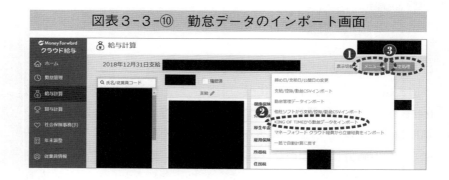

図表3-3-⑩　勤怠データのインポート画面

3-4　給与計算を行う

いよいよ給与計算ですが、実際のところ、勤怠を取り込んだ時点で時間外手当や休日出勤手当なども自動計算され、設定さえ間違っていなければ、給与計算はほぼ終わっています。担当者は、自動計算が未対応となっている途中入社や途中退職があった場合の日割計算など一部の手修正が必要な箇所を修正し、昇給者や通勤手当等が変更になった人などで設定の変更漏れがないかを確認すれば、給与計算は完了します。

なお、手修正を行う場合は、給与計算の画面で「支給」や「控除」といった欄に鉛筆のマークが表示されていますので、ここをクリッ

クして行います。

給与計算が完了したら、図表3-3-⑩の画面で右上に表示されている「確定処理」というボタン（❸）を押すと、給与計算結果が確定されます。この時、図表3-3-⑪のように社員へのWEB給与明細の公開日も決めた上で確定処理をすることもできます。

給与明細の日付指定確定機能は、まだ人事労務freeeには備わっていないので、この点も、給与計算専門HRテクノロジーであるMF給与のアドバンテージと言えるでしょう。

図表3-3-⑪　給与確定処理画面

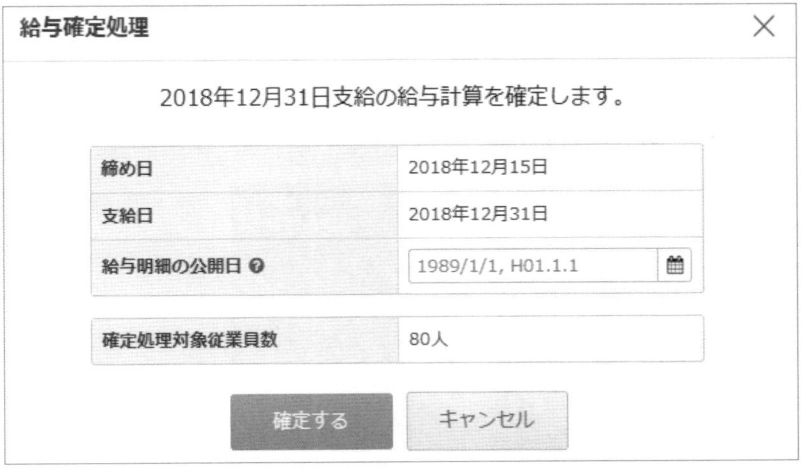

給与確定処理	✕

2018年12月31日支給の給与計算を確定します。

締め日	2018年12月15日
支給日	2018年12月31日
給与明細の公開日 ❓	1989/1/1, H01.1.1 📅

確定処理対象従業員数	80人

確定する　　キャンセル

なお、WEB給与明細を配付するには社員のメールアドレスを登録する必要がありますが、登録は、図表3-3-⑫の画面で左側に表示されるメニューの「従業員情報」からではなく、画面右上の事業所名をクリックするとポップアップで表示される「メンバーの追加・管理」から行いますので、間違えないようにしてください。

ここで社員のメールアドレスを登録すると、社員に招待メールが送信されますので、社員がメールの案内に沿って任意のパスワードを設定すれば、WEB給与明細を閲覧できるようになります。

3　マネーフォワードクラウド給与を使ってみよう

図表3-3-⑫　メンバーの追加・管理画面

　また、管理者が賃金台帳や月別の一覧表、あるいは社員の源泉徴収票などの書類を確認したり出力したりしたい場合は、図表3-3-⑬で左側の「帳票一覧」をクリックすれば、ここから様々な書類を出力できるようになっています。

　以上が、MF給与で給与計算を行う一連の流れです。MF給与は、手当や割増賃金の細かな設定、複数時給などにも対応していますので、KOTによる勤怠管理と組み合わせれば複雑な勤務体系や賃金体系を持つ企業の給与計算も、クラウド上でしっかりと行ってくれるでしょう。

図表3-3-⑬　帳票一覧メニュー

4　SmartHR を使ってみよう

　代表的な HR テクノロジーとして、人事労務手続領域に強みを持つ HR テクノロジーの SmartHR も紹介します（2019年3月時点のもので、進行フローは一例です）。

4-1　アカウントを開設する

　SmartHR も、アカウントの開設は難しくありません。下記の画面

図表3-4-①　SmartHR トップページ

でメールアドレスとパスワードを設定し、従業員数を選択すれば利用を開始することができます。図表3-4-①のトップページで必要情報を入力し、「無料で試してみる」をクリックすると、図表3-4-②の画面に遷移します。

　縦長のスクロール画面なので全体をお見せすることができませんが、上から順番に事業所の名称や所在地、代表者の名前などを入力していくと、利用開始に必要な情報の入力が完了し、アカウントの開設が完了します。

図表3-4-②　事業所情報の登録画面

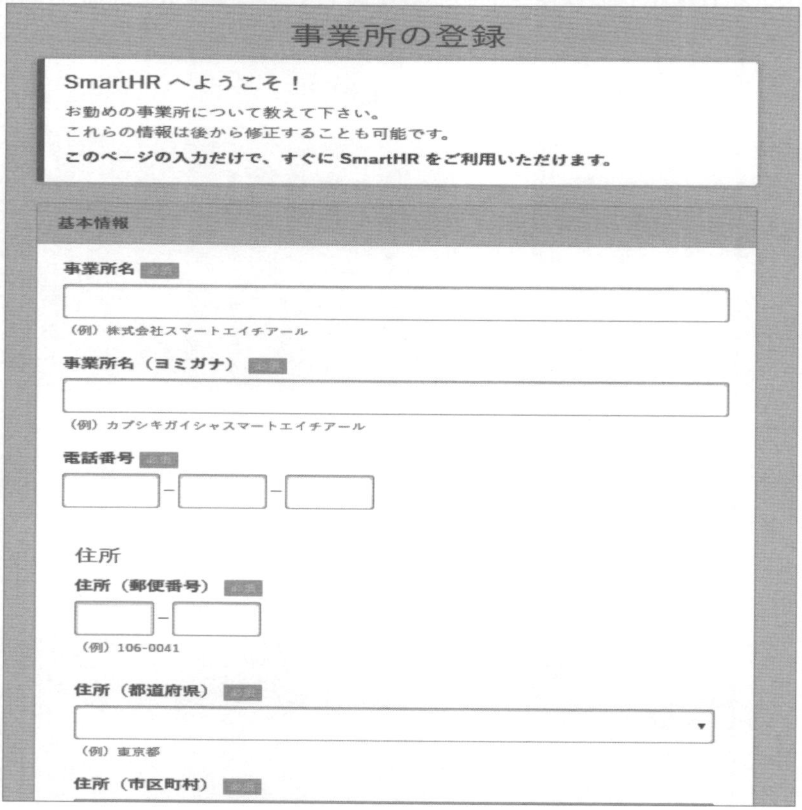

事業所の登録

SmartHR へようこそ！
お勤めの事業所について教えて下さい。
これらの情報は後から修正することも可能です。
このページの入力だけで、すぐに SmartHR をご利用いただけます。

基本情報

事業所名 必須

（例）株式会社スマートエイチアール

事業所名（ヨミガナ） 必須

（例）カブシキガイシャスマートエイチアール

電話番号 必須

□□□ － □□□ － □□□

住所

住所（郵便番号） 必須

□□□ － □□□

（例）106-0041

住所（都道府県） 必須

（例）東京都

住所（市区町村） 必須

4-2　初期設定を行う

　アカウントを開設したら、図表3-4-③の画面に遷移します。この画面がSmartHRのメインとなるインターフェースです。

図表3-4-③　SmartHRインターフェース

　SmartHRの利用開始にあたって初期設定として入力しなければならない情報は、四角で囲った左下（❶）と右上（❷）です。
　SmartHRは人事労務手続と従業員情報の管理を行えるソフトなので、初期設定として企業の社会保険や労働保険に関する加入情報の登録と既存社員の登録を行わなければなりません。会社情報は、❶の「未登録」となっている箇所をクリックすれば必要情報を入力するためのインターフェースが表示されます。❷の従業員管理は、クリックすると図表3-4-④の選択肢が示されます。

図表3-4-④　従業員管理の選択肢

　社員数が少ない場合は「新規登録する（手入力）」で1人ずつ登録してもよいですが、人数が多い場合は「新規登録する（ファイル）」を選択して、CSVファイルを利用して一括登録をしましょう。手入力の場合もファイルの場合も、クリックするとわかりやすいインターフェースが出てきますので、入力に迷うことはないと思います。

　なお、「更新する（ファイル）」は登録済みの社員情報を一括更新するときに使うものですので、新規登録の時点では使いません。

　また、「SmartHRに招待」は、利用開始後に新たに入社した社員の入社手続等に必要な情報を、パソコンやスマートフォンから本人に入力してもらって回収するときに使う機能です。既存社員についても登録が終わった後に管理者が招待すれば、住所や氏名の変更があったときにSmartHR上で変更があったことの申請ができる機能として役立ちます。

　手入力を選択した場合は図表3-4-⑤の画面が、ファイルを選択した場合は図表3-4-⑥の画面が、それぞれ表示されますので、社員情報を登録します。

　社員情報の登録が完了すると、SmartHRに企業の人事労務手続

のベースとなる準備が整ったことになります。入社や退職等の手続きが発生したときは、いつでも対応することができます。

図表3-4-⑤ 「手入力」のインターフェース（一部）

役員・従業員の追加

❶ これらの情報は後から従業員本人に入力してもらうこともできます

基本情報

姓

名

姓（ヨミガナ）

名（ヨミガナ）

生年月日

（例）1984/04/24、S59.4.24

性別

◉ 男性

◉ 女性

メールアドレス

社員番号

貴社のフォーマットにあわせてご記入ください。
フォーマットが決まっていない場合は、入社順に3桁の数字を書いておくとよいでしょう。
あとで変更することもできます。
（例）社長を「001」、最初の社員を「002」

プロフィール画像

📁 ファイルを選択…

> **図表3-4-⑥　「ファイル」のインターフェース**

新規に登録したい従業員情報を記載したファイルを選択してください ❓

こちらは従業員情報の新規登録用の画面です。既存従業員の情報を更新したい場合は こちら
従業員に登録できる部署を確認する場合は こちら

📁 ファイルを選択…

csv, xlsx 形式のファイルに対応しています。

一括登録する

- 従業員情報取り込みシートをダウンロード ❓
- サンプルのファイルをダウンロード（ csv 形式 / xlsx 形式 ）
- 既に存在する従業員の社員番号は指定しないでください
- 各セルで入力可能な文字列は以下の表をご参考ください

4-3　新入社員の情報を収集する

　次に、新入社員が入社したときの入社手続を説明します。まずは、手続きを行う前段階として入社情報を収集します。

　入社情報は、SmartHR 上で「入社の手続き」から新入社員を招待して本人に入力してもらいますが、その前に管理者が最低限の情報（氏名・ふりがな、性別、生年月日、住所が必須）を入力しておく必要があります。図表3-4-④の画面で「新規登録する（手入力）」を選択し、新入社員の氏名や入社日、メールアドレス等を登録します。

　登録すると図表3-4-⑦の画面に遷移しますので、画面上部に表示される「本人が入力後、入社手続きに進む場合はこちら」の「こちら」の文字をクリックしてください。

　クリックすると、図表3-4-⑧の画面が表示されます。左端にあるチェックボックス（❶）にチェックを入れ、左上の「依頼を作成する」のボタン（❷）をクリックすると、甲山乙男さんに入社手続に必要な情報を入力するためのインターフェースにアクセスできるリンクを含んだメールが送信されます。

第3章　HR テクノロジーの具体例

図表3-4-⑦ 従業員リスト

図表3-4-⑧ 入力依頼メールの作成画面

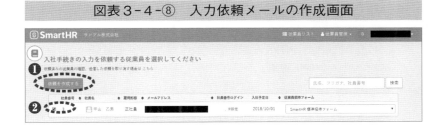

　メールの内容は、図表3-4-⑨のとおりです(メールの文言は自社に合ったものに編集も可能)。リンクをクリックすると、図表3-4-⑩のアカウント設定画面に遷移しますので、本人はパスワードだけ設定すれば自分のアカウントを開設することができます。

　「登録する」のボタンをクリックすると入社手続に必要な情報を順番に入力するインターフェースが表示されるので、上から順番に入力していきます。イメージが持てるよう、一部を抜粋して紹介します(図表3-4-⑪、図表3-4-⑫)。新入社員の方が迷わずに入力できるよう、可能な限りわかりやすく作り込まれています。「?」マークをクリックすれば補足説明がポップアップされるのは、人事労務

4　SmartHRを使ってみよう

　freee のインターフェースと同じです。必要に応じて添付ファイルもアップロードできるようになっています。

　すべての項目への入力が終わると、図表3-4-⑬の最終確認画面が表示されます。入力途中のプロセスでも、必須項目に空欄があったり、誤った形式で入力されたりしていると先に進めないようになっています。入力エラーをなるべくシステム側で検知し、可能な限り完璧な情報を管理者に提供できるよう、随所に工夫が凝らされています。

図表3-4-⑪　入社手続に必要な情報の入力画面（一部）

通勤手当

自宅から職場までの通勤定期券代を入力してください。定期券代が不明な場合は こちら☑ からお調べいただけます。

通勤経路

(例)
経路1: 都営南北線　四ツ谷駅〜六本木一丁目駅
経路2: 都営バス　四谷二丁目〜四谷駅前

定期券代①	期間①	片道運賃①
円	▼	円

電車とバスなど、定期券が2枚に分かれる場合は②への入力もお願いします。

定期券代②	期間②	片道運賃②
円	▼	円

図表3-4-⑫　入社手続に必要な情報の入力画面（続き）

雇用保険・社会保険

雇用保険 被保険者番号 ❓

☐ ― ☐ ― ☐

(例) 1234-567890-9
離職票等に記載されている11桁の被保険者番号です。

雇用保険 被保険者番号 添付画像

📁 ファイルを選択…

番号確認用に雇用保険被保険者証の画像を添付します。
中途入社の方で手元に被保険者証がない場合は、前職にお問い合わせください。

雇用保険被保険者番号をお持ちでない場合は、理由を選択してください。

▼

基礎年金番号 ❓

☐ ― ☐

(例) 1234-123456
年金手帳、ねんきん定期便、国民年金保険料納付書等に記載されている10桁の番号です。
20歳未満、外国人では基本的に付与されていませんので空欄にしておきましょう。
中途入社の方で年金番号が不明の方は、前職にお問い合わせください。

基礎年金番号 添付画像

📁 ファイルを選択…

番号確認用に年金手帳の画像を添付します。

☐ 初めて厚生年金に加入する

基礎年金番号が不明な場合は、理由を選択してください。

▼

4　SmartHRを使ってみよう

図表3-4-⑬　最終確認画面

　このように、SmartHRは、入社手続そのものを便利にするだけでなく、入社手続の前段階としての情報収集においても、人事労務部門の効率化に大きく貢献します。

4-4　マイナンバーの提出依頼をする

　マイナンバーは、社会保険や雇用保険の資格取得手続に必要な情報の1つですが、特定個人情報として厳重な管理が求められ、取得においても厳格な手順が要求されますので、SmartHRでも安全な収集および厳重な管理ができるように工夫されています。

提出を依頼する際は、メイン画面の左上の「マイナンバー」（図表3-4-⑭）という箇所をクリックすると表示される画面で、提供を依頼したい社員を選びます。

図表3-4-⑭　マイナンバーの提出依頼画面

　すると、マイナンバーの提供依頼を発信する画面が現れます（図表3-4-⑮）。基本的にはチェックボックスはSmartHRが表示したそのままで結構ですので、画面下部にスクロールして、「提供依頼する」というボタンを押してください。そうすると、本人へマイナンバーの提供を依頼するメールが送信され、本人には図表3-4-⑯のようなメールが届きます。
　リンクをクリックすると、図表3-4-⑰の入力画面に移行します。マイナンバーを入力して、その根拠となる書類をJPEGなどの画像で添付したら、画面を下にスクロールし、「入力する」のボタンをクリックします。
　以上の操作で、本人から企業へのマイナンバー提供がクラウド上で完結します。

図表3-4-⑮　マイナンバーの提供依頼送信画面

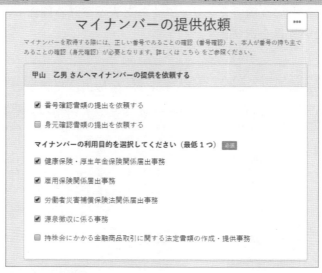

図表3-4-⑯　マイナンバー提供依頼メール

甲山　乙男さんのマイナンバーの提供依頼が届きました。

下記のURLよりご確認ください。

https://ea602051cdde15e9715e815b.smarthr.jp/crews/6312adcd-8b2a-46c7-b763-491d9d947662/my_number/edit?

　提供されたマイナンバーはクラウド上で安全に保管され、入社・退職の手続きや年末調整など、必要なときだけ呼び出されて利用されます。クラウド上でマイナンバーを保管すると、紙で回収したときのように保管場所の確保に難儀するということもなくなりますので、安全であるだけでなく、人事労務部門のマイナンバー管理業務の効率化にもつながります。なお、新入社員に関しては、他の従業員情報と合わせて入社時に一括して本人から収集することも可能です。

図表3-4-⑰　マイナンバー入力画面

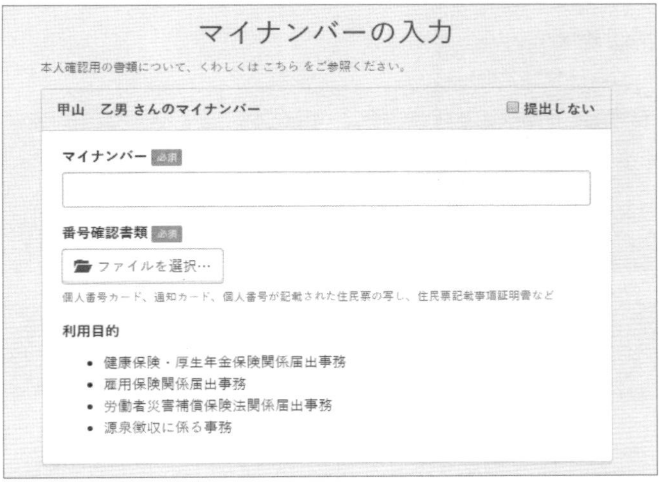

マイナンバーの入力

本人確認用の書類について、くわしくは こちら をご参照ください。

甲山　乙男 さんのマイナンバー　　　　　　　　　　　　　☑ 提出しない

マイナンバー 必須

番号確認書類 必須

📁 ファイルを選択…

個人番号カード、通知カード、個人番号が記載された住民票の写し、住民票記載事項証明書 など

利用目的

- 健康保険・厚生年金保険関係届出事務
- 雇用保険関係届出事務
- 労働者災害補償保険法関係届出事務
- 源泉徴収に係る事務

4-5　入社手続を行う

　各プロセスで本人が入力を完了したら、管理者にはメールで通知されますので、管理者はメールで進捗確認を行うことができます。相当日数経っても入力完了のメールが届かない場合は、本人に入力を促すアクションを取ることができます（自動リマインダーの設定も可能）。

　本人情報とマイナンバーが揃ったら、図表3-4-⑱のメイン画面で「入社の手続き」のボタンをクリックして、入社手続を行います。

　「入社の手続き」ボタンを押すと、図表3-4-⑲の画面に移行しますので「登録済みの従業員から選ぶ」のボタンをクリックします。図表3-4-⑳へ進むので、入社手続を行う従業員（今回は「甲山乙男」さん）を選択して、「入社手続きを開始する」のボタンをクリックします。

　「入社手続きを開始する」のボタンをクリックした先は、「新しく入社される方について教えてください」という見出しの画面で、甲

図表3-4-⑱ メイン画面

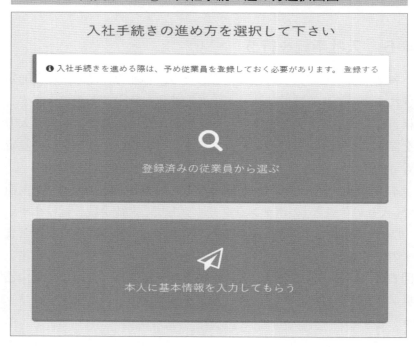

図表3-4-⑲ 入社手続の進め方選択画面

図表3-4-⑳　入社手続を行う従業員選択画面

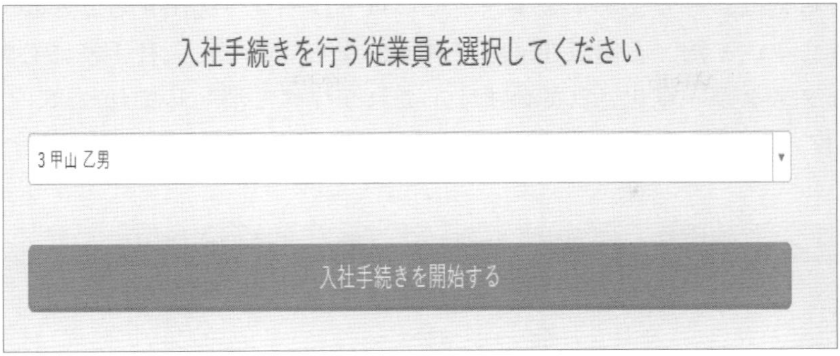

入社手続きを行う従業員を選択してください

3 甲山 乙男

入社手続きを開始する

山乙男さん本人が自分の情報を登録したのとほぼ同じ画面が表示されますので、管理者は本人が入力した情報のチェックと、給与額など企業側で入力すべき情報の追記を行います。

　これらのチェックや追記が終わり、下部に表示されている「次へ」というボタンを押すと、画面が**図表3-4-㉑**の「書類を完成させましょう」という見出しに変わり、実際に入社手続に必要な書類を作成するプロセスが開始されます。

　扶養親族を追加するのに必要な書類、社会保険に加入するのに必要な書類、雇用保険に加入するのに必要な書類を順番に作成していくのですが、工夫で非常にわかりやすい構成となっています。必要最低限のことを記入したり選択したりすれば書類が完成するようになっていて、記入や選択に迷いそうな箇所にはしっかりと補足説明やヘルプが付けられています。

　すべての書類が完成すると、メイン画面の下部に「甲山乙男さんの入社手続き」という表示が現れます（**図表3-4-㉒**）。この表示が現れたら、表示部分をクリックしてください。表示をクリックすると、**図表3-4-㉓**の画面に遷移します。

　この画面では、左側に完成した甲山乙男さんの入社手続に必要な書類が表示され、ダウンロードできるようになっています。ダウン

4　SmartHR を使ってみよう

ロードした書類は、企業の代表印や扶養関係の書類に本人の押印をもらえば、そのまま年金事務所やハローワークへ提出することができます。また、右側はToDoリストになっていて、入社手続に必要なタスクが一覧化されています。これがすべて消し込まれれば、甲山乙男さんの入社に必要な手続きはすべて完了したことになります。

図表3-4-㉑　入社手続に必要な書類の作成画面

図表3-4-㉒　入社手続関係書類作成指示画面

4-6　電子申請を行う

　SmartHR の大きな強みの１つとして、入社・退職に伴う社会保険などの手続きを SmartHR のインターフェースから電子申請できることが挙げられます。

　図表３-４-㉓の画面左側にも「電子申請依頼」というボタンがありますが、このボタンから電子申請を行うためには、あらかじめの設定が必要です。設定は、メイン画面右上の「共通設定」（図表３-４-㉔）をクリックするとメニュー画面に移行するので、メニューの中から「電子申請」をクリックし、インターフェースに沿って必要事項を登録します（図表３-４-㉕）。

図表３-４-㉓　入社手続確認画面

4　SmartHR を使ってみよう

図表3-4-㉔　電子申請に関する設定のスタート画面

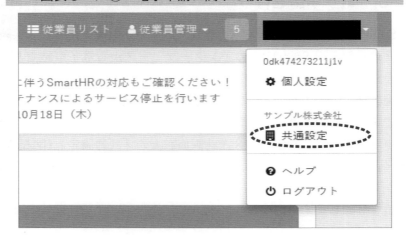

図表3-4-㉕　電子申請を行うための情報登録画面

　この画面で申請者情報を登録した後に、電子申請に必要な電子署名を登録しなければならないのですが、電子署名の取得方法がわからなくて困っている企業も少なくありません。図表3-4-㉖は、

第3章　HRテクノロジーの具体例

SmartHRのヘルプページからの引用になりますが、SmartHRではユーザーが電子署名の取得で迷わないよう、ヘルプページで詳しく説明してくれています。

ここまで、入社時の手続きを中心に説明してきましたが、SmartHRでは、入社時だけでなく、退職時の社会保険・雇用保険の喪失手続や離職票の発行手続、あるいは労働保険の年度更新、社会保険の算定基礎届といった多くの手続きに電子申請を含め対応しています。

図表3-4-㉖　電子署名取得に関するヘルプページ

4　SmartHRを使ってみよう

4-7　その他 SmartHR でできること

　このように、SmartHR は人事労務手続のためのソフトですが、その他にも様々な機能を有しています。

図表3-4-㉗　SmartHR の機能一覧

　SmartHR のメイン画面の左上には、「源泉徴収票」「年末調整」「給与明細」というメニューが表示されています。SmartHR は、給与計算機能は有していませんが、CSV ファイルなどで他の給与計算ソフトからデータを取り込むことで、クラウド上で源泉徴収票を発行したり年末調整を行ったり、WEB 給与明細を発行したりすることができます。

　具体的な活用場面としては、インストール型の給与計算ソフトを使っていて、事情があってクラウド型に変更できないという場合、インストール型の給与計算ソフトで計算された給与計算結果を CSV ファイルで SmartHR に読み込ませることによって、SmartHR から社員に WEB 給与明細を発行するというような使い方です。

また、年末調整についても、SmartHRならではのわかりやすいインターフェースを用いてクラウド上で完結させれば、紙の申告書を配付・回収してインストール型のソフトで行うより人事労務部門の手間を軽減できます。SmartHRで行われた年末調整の結果は、給与計算ソフトにエクスポートすることが可能です。

　SmartHRは人事労務手続に特化したクラウドソフトですが、他の領域のソフトと連携することで、さらに活用の幅が広がります。

　直近の動きとしては、2018年8月に、雇用契約書など社員との契約書をSmartHR上で電子署名により締結できる「オンライン雇用契約機能」をリリースしています。これにより、雇用契約書のペーパレス化が実現しました。

　2019年4月1日より、従来は書面での交付が必須であった労働条件通知書を電子的方法で交付することが解禁されましたので、SmartHR経由でのオンライン雇用契約書締結をもって、法的には、労働条件通知書の交付義務も果たしたことになります（ただし、社員が希望した場合は、書面での交付が必要）。

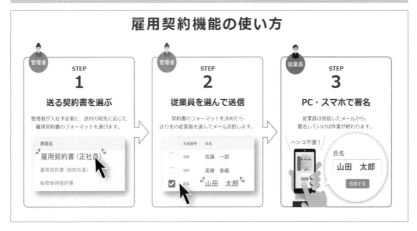

図表3-4-㉘　SmartHRの雇用契約機能

第4章
HR テクノロジー活用事例

　第2章では HR テクノロジーの各論を、第3章では具体的なソフトを掘り下げて説明してきました。第4章では HR テクノロジーを活用して実際に人事労務業務の効率化に成功している企業の実例を紹介していきます。

第1章 定義と全体像

第2章 各論

第3章 具体例

第4章 活用例

1　株式会社キャスターの事例

　株式会社キャスター（以下、「キャスター」という）は、テレワークのリーディングカンパニーです。同社では北海道から沖縄まで、日本全国から優秀なテレワーカーを雇用し、「CASTER BIZ」「在宅派遣」などのブランドでオンラインアシスタントサービスを展開しています。オンラインアシスタントは、「秘書」「経理」「Web運用」など、多様な業務をサポートすることができます。オンラインで行うことのできるあらゆる業務に対応しているということです。

　創業者で代表取締役の中川祥太氏は、「リモートワークを当たり前にする」というスローガンを掲げ、地方に住んでいる高いスキルを持った方や配偶者の転勤や親族の介護などに伴う転居で仕事を辞めなければならなかった方などに、第一線で仕事をする場を提供したいと考えて、この会社を創業したそうです。人材の確保に悩む都市圏の企業からのニーズも高いということです。

図表4-1-①　CASTER BIZ トップページ

図表 4-1-② 在宅派遣トップページ

1-1 日本全国のクラウドワーカーが、HR テクノロジーを使いこなす

　キャスターでは、常に数百人の社員が日本全国各地の自宅やサテライトオフィスなどで仕事を行っています。都内に本社機能がありますが、本社機能の一部さえもテレワーカーが担っています。そのような職場環境ですから、創業時からあらゆる業務をクラウドベースで組み立てることが必須でした。人事労務領域においても当然、HR テクノロジーを最大限に活用しています。

① 入社手続

　入社時の新入社員からの情報収集は、SmartHR を利用しています。SmartHR のインターフェースに沿って雇用保険番号やマイナンバーなど入社手続に必要な情報を入力してもらい、本社の人事担当者が漏れや間違いがないかをチェックします。並行して雇用契約書の締結も行われ、クラウドサインを介しての電子署名による雇用契約書の取り交わしとなります。

　SmartHR 上の社員情報や締結された顧問契約書などは、キャス

ターの顧問社会保険労務士事務所である当社にもクラウド上で常に共有されており、「○○さんが入社しました」という連絡を1本もらえば、当社が速やかに社会保険や雇用保険の被保険者資格取得手続を行うことができる体制が組まれています。

② 勤怠管理

　勤怠管理はKOTで行われています。KOTは、WEB上のインターフェースやスマートフォンから打刻が可能ですので、日本全国のクラウドワーカーが業務開始、業務終了の打刻をそれぞれの環境で行っています。打刻は本社の担当者が月単位で締めて、勤怠が締まり次第当社に連絡が来るようにしています。

③ 給与計算のための準備作業

　勤怠の締めと同時に、当社とキャスターの間では、「給与連絡表」という書式がChatwork上でやり取りされます。給与連絡表は、今回の昇給者は誰、通勤手当が変わるのは誰、手当がつくのは誰、といったことをまとめた変更点管理のための一覧表です。この一覧表の内容を漏れなく給与計算ソフトのマスタに反映させることで、最新のマスタに基づいて給与計算を行うことができます。

　給与連絡表の授受を含め、キャスターと当社のやり取りは、主にChatworkを介してリアルタイムに行っています。HRテクノロジーの導入にあたっては、勤怠ソフトや給与計算ソフトのクラウド化だけではなく、情報の授受や共有も含めてクラウド化させることが重要です。

　もう1点、給与計算に関する補足をしておきますと、キャスターでは給与計算にMF給与を利用していますが、MF給与のマスタに直接変更点を反映させず、必ず「給与連絡表」に集約した上で1カ月分をまとめて反映させている、というところがポイントです。たしかに、一見すると、MF給与のマスタに変更点を随時、直接反映させていくほうが効率的に見えるかもしれません。しかしながら、

随時反映にすると、給与計算を行う際に本当にすべての変更点がマスタに反映されたのか不安になったり、給与計算後に漏れが見つかって二度手間になったりして、かえって非効率になってしまいます。ですから、毎月の変更点は給与連絡表という別リストで一元管理しているのです。

給与計算が完了すると、MF給与上でWEB給与明細が公開されます。公開された給与明細は日本中どこからでも、場合によっては海外からでもクラウド上で確認をすることが可能です。

1-2 CASTER BIZ や在宅派遣で HR テクノロジーを円滑導入

このように、キャスターのオンラインアシスタントは日々、HRテクノロジーのツールを使いこなして仕事をしています。

ですから、これからHRテクノロジーを導入しようとしている企業で、社内にHRテクノロジーに詳しい人がいないという場合は、キャスターが展開している「CASTER BIZ」や「在宅派遣」といったサービスを契約して、「KOTの打刻漏れや修正の管理をしてほしい」とか「新入社員が入社したらSmartHRに招待したり、入力時の質問の受け皿になってほしい」といったタスクをキャスターのオンラインアシスタントに依頼することで、HRテクノロジーの導入や運用をスムーズに行うという方法も考えられるでしょう。

1　株式会社キャスターの事例

2 ウッドステーション株式会社の事例

　ウッドステーション株式会社（以下、「ウッドステーション」という）は、2018年4月に設立され、日本の木造建築業界に革命的な一石を投じる事業を展開している企業です。

　木造住宅は、職人が木材を現場で組み上げて建築するのが昔からの工法でした。しかし、職人の減少や高齢化が進み、また、働き方改革の世の中で職人だからと言って長時間労働が許されるわけではありません。

　このような状況の中、同社は、「木造大型パネル」という技術により、職人や工務店、住宅会社といった木造住宅の建設に関わる人々や企業の負担を大幅に軽減することに成功しました。

　「大型木造パネル」は、あらかじめ工場において、構造材・面材・間柱・断熱材・サッシ、さらに一次防水までを一体化したパネルで

図表4-2-① 大型木造パネル

す。柱や梁といった構造材までを1つのパネルに組み込んでいるため、現場での組立ては在来工法とまったく同じでありながら、大幅な工期短縮や高性能・高品質の実現等、在来工法を超える進化した家づくりを可能にします。

また、この「木造大型パネル」を使った工法は、受注・設計から納品（現場配送）までがIT技術で一元管理されています。例えば、設計段階においては手書きではなく専用のソフトウェアで設計を行えば、どの種類のパネルが何枚必要か、ということも自動的に計算され、見積にも落とし込まれます。

木造建築の世界に製造業的な発想やIT業界的な発想を持ち込んだのが、ウッドステーションということです。

同社の事業展開には多方面から大きな期待が寄せられています。その表れとして、創業者の塩地博文社長の出身母体である三菱商事建材に加え、テクノエフアンドシー（ミサワホーム）、パナソニックアーキスケルトンデザイン、YKK APといった、建築業界に関与する日本を代表する企業が資本参加しています。

図表4-2-② 大型木造パネルの受注から納品までの流れ

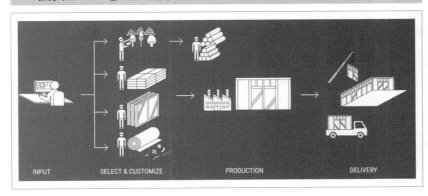

2-1 設立前から「バックオフィスのクラウド化」を決めていた

　事業に対し先進的な着眼点を持つ塩地社長は、バックオフィス業務に関しても、創業前から「クラウド化」を明言していました。

　当社では、労務顧問として、フィンテック（クラウド会計ソフト）に強い税理士事務所と連携しながら、人事労務 freee を全面的に活用して、ウッドステーション、当社、税理士事務所で人事労務 freee をクラウド上で共有し、常に三者が同じ情報を共有できるようにしてバックオフィス全般の支援を行っております。

2-2 労務と会計・税務のシームレスな連携

　ウッドステーションでは、人事労務 freee だけでなく会計 freee も設立時から導入しているため、労務と会計・税務がシームレスに連携されています。この労務と会計のシームレスな連携も、HR テクノロジー導入によって実現する強みの1つです。

　例えば、毎月の給与計算では、勤怠はウッドステーションで人事労務 freee の勤怠システムを使って管理し、勤怠が締まると当社が確認を行います。当社が確認結果を踏まえて人事労務 freee 内で給与計算を完結させると、クラウド上でウッドステーションに納品します。ウッドステーションで納品された給与計算結果に対し「確定」の操作をすると、社員へ給与明細が公開されるとともに、会計 freee にも人件費として仕訳が登録されます。その仕訳の結果は、社内の経理担当者や顧問税理士がリアルタイムで確認することができます。

　上記のように、月々の給与計算は社会保険労務士事務所である当社が行っていますが、年末調整は顧問税理士が担当することになっています。このような役割分担の場合、旧来的な方法であれば、税理士は社会保険労務士から提供された給与情報を手作業で自分が使っている年末調整ソフトに取り込む作業が発生していました。

しかし、ウッドステーションでは人事労務freeeを使って社会保険労務士と税理士が給与情報を共有しているので、税理士がそのまま人事労務freee上で年末調整の入力や計算を行うことができます。また、税理士が行った年末調整の結果を当社が確認して12月の給与計算に反映させることで、人事労務freee内でシームレスに年末調整が完結します。

人事労務freeeが基幹ソフトとして存在していることで、ウッドステーションが顧問社会保険労務士と顧問税理士の間に入って仲介役のようなことをせずに済み、調整工数の削減にも貢献しています。

2-3 出張の多い職場環境にも人事労務freeeはマッチ

ノートパソコンやスマートフォンのアプリなどで場所を選ばず勤怠入力や給与の確認ができる人事労務freeeは、出張が多いウッドステーションの社員にとって利便性が高いと言えるでしょう。経費精算に関しても、会計freeeで迅速に行うことができているそうです。

さらに、ウッドステーションでは人事労務freeeや会計freeeの導入に合わせ、Chatworkも導入しています。

HRテクノロジーの導入には、それを円滑に運用するためコミュニケーションツールを活用することも重要であることはこれまでに説明したとおりです。

同社においても、Chatworkによるクラウド上でのコミュニケーションが機能しているおかげで、例えば出張中の人事担当者にChatworkで質問をして、その回答をもらったりすることができています。メールベースのコミュニケーションではここまで迅速かつ円滑にはいかないでしょう。

3 創業手帳株式会社の事例

　創業手帳株式会社（以下、「創業手帳社」という）は、起業家向けのガイドブック「創業手帳」の発行およびWEBメディア「創業手帳Web」の運営、起業セミナーや無料相談会の実施、士業とのマッチングサービスなど、起業家を支援する多様なサービスを展開しています。

　創業者の大久保幸世社長は、起業前の中小企業のIT支援を行う中で、起業家が皆、同じような課題にぶつかっていることに気付いたそうです。調べていくと判明したのは、日本の「毎月約1万社が起業しているものの、それを上回る廃業がある」という現状でした。

　そこで考えたのが、「起業家を増やすこと」と「廃業率を下げるこ

図表4-3-①　創業手帳と大久保社長

と」を実現するため、立上げをスムーズに行えるようにするサービスの提供やインフラの構築をすることでした。

それを形にしたのが、「創業手帳」を始めとする、同社が現在展開している一連のサービスです。「創業手帳」は、日本全国のすべての新設法人に配布される仕組みが整っており、各地の公的機関や金融機関、シェアオフィスなどでも配布されています。また、「創業手帳」を教科書としたセミナーも、北海道から沖縄まで、現在も常時全国で開催されています。

3-1 無料配布される「創業手帳」の仕組み

「創業手帳Web」はもとより、本からマンツーマンのコンサルティングまで、すべて起業家は無料で利用できます。創業前後で資金に限りのある起業家にとっては嬉しい限りです。

では、創業手帳社自身はどのようにビジネスモデルを成立させているかですが、この点、主な売上は「創業手帳」や「創業手帳Web」に掲載される広告収入だそうです。

ただし、掲載されるのは同社の基準に合致した広告に限られます。これは、「創業手帳」が起業家にとって真に役立つ情報を発信する媒体であり続けるには、記事やコラムだけでなく、広告も役立つものでなければならないと考えているためで、主な広告主は、創業融資に前向きな金融機関、業務ソフトを提供するITベンダー、創業場所を提供するシェアオフィス、起業支援を行う士業事務所などです。HRテクノロジーも、起業支援で重要な役割を担っているという考えから、SmartHRがマンションの一室で活動していた初期の頃にいち早く記事で取り上げたほか、HRテクノロジーに関する多くのサービスが、記事や広告で取り上げられています。

3 創業手帳株式会社の事例

3-2　創業手帳社の HR テクノロジーに対する考え方

　創業手帳社では、広告の掲載基準を定めたり起業家へのアドバイスのノウハウを蓄積したりするため、自社でも様々な IT サービスを利用するだけでなく、起業家へのコンサルティングや取材を通じて生の声を集め、IT ベンダーや士業事務所などへのヒアリングもして、情報を集めてきたということです。得られた情報やノウハウは自社のバックオフィスの構築にも生かされていて、HR テクノロジーの活用に関しても様々な試行錯誤を経験したそうですが、中でも人事労務担当の川本祐子さんが話してくださった勤怠管理に関するものが印象的なので、以下に紹介します。

3-3　日報管理の HR テクノロジーを勤怠管理に「セルフメイド」

　創業手帳社では、大手のクラウド勤怠管理ソフトなども一通り試した上で、クラウド勤怠管理ではない仕組みに行き着きました。ソフトを使わないからと言って、もちろん手書きの出勤簿や紙のタイムカードに戻したということではありません。「勤怠管理」ではなく、「日報管理」で日々の活動を追う結果として、併せて勤怠管理も行うことができる仕組みにしたのです。

①　担当者の負担軽減につながらなかったクラウド勤怠管理ソフト

　同社では現在、「Gamba!」というクラウド日報管理ソフトを応用して社内ルールに基づく勤怠管理を行っていますが、その方法に至った理由は、クラウド勤怠ソフトの打刻漏れが多く、打刻漏れの修正などでソフト導入後も人事労務担当者の負担がさほど減らなかったことでした。

　打刻方法の工夫や打刻漏れが一定回数を超えたらペナルティを課すなど、いわば王道的な打刻漏れ対策も検討してみたそうですが、

もっと本質的な方法で解決を図りたいと考えた結果、Gamba! を活用した勤怠管理にたどり着いたそうです。

②　日報に勤怠管理の機能を持たせる社内ルールを策定

　同社では、従前から Gamba! を使った日々の業務報告をルール化していたのですが、日々の業務に密接に関連している日報は提出漏れが少なかったため、残業時間も所定の方法で日報内に記載して提出させ、その申告に基づいて残業代を計算するという形で社内ルールを整備したのです。

　この方法は、労働時間の自己申告制の一種ですが、職場における現認や、日報が送信された時間と申請された残業時間との間に大きなかい離があれば、上長が実態を確認することもできますので、厚生労働省が定める自己申告のルールの基準も満たしています。

③　自社の現状に合わせた柔軟な活用方法で効率化

　川本さんのお話では、この方法ではクラウド勤怠ソフトのように残業時間が自動集計されないので、日報で申告された残業時間を別に管理して集計する手間が発生するものの、打刻漏れを修正するより大幅に楽だということです。また、日報と労働時間の管理が一体化したため、ムダや非効率による残業の発生の有無や、業務が特定の人に偏っていないかなども、チェックしやすくなったそうです。社員数が20名程度の現時点ではこの方法がベストだが、将来、社員数が増えた場合にはその規模に合った方法をまた考えたいとのことでした。

　この方法のメリットは、「勤怠管理」という守りの意味から、社員のコミュニケーションや生産性アップという「攻め」「プラス」の意味を持たせられるという点でしょう。Gamba! のインターフェースは SNS のようなそれで、業務内容を簡単に投稿でき、パソコンやスマートフォンで見られるだけでなく、facebook や LINE のように気軽に「いいね！」やスタンプを送り合ったり、コメントを書いたり

できる機能があります。一種の社内SNSのような仕組みになっており、勤怠管理だけでなく情報共有や改善提案にも役立っているそうです。

3-4 時には「枠」にとらわれない発想が必要

創業手帳社のこの発想は、筆者自身も勉強させられました。

HRテクノロジーを使って勤怠管理を行おうとすると、専用ソフトの利用を大前提として「どのソフトを導入しようか？」という選択だけに終始してしまいがちですが、場合によっては、専用ソフトの利用によらない方法がその企業のニーズに合っているケースもあるということです。

もちろん、王道的な考え方としては、勤怠管理はクラウド勤怠管理ソフト、給与計算はクラウド給与計算ソフトを利用することですが、「目的」と「手段」が逆になってはならないということは意識しておいたほうがよいでしょう。あくまでも人事労務業務を効率的に行えるようにするということが「目的」であり、クラウドHRソフトを導入することが目的になってしまってはいけません。

創業手帳社のように、自社にとってより良い方法を見つけたならば、必ずしも本書で整理したHRテクノロジーの枠や分類に縛られる必要はないのです。

4 ひふみよ株式会社の事例

ひふみよ合同会社（以下、「ひふみよ社」という）は、2014年9月に鹿児島市でスタートした障がい者や難病の方の支援を目的とするベンチャー企業です（現在は「ひふみよ株式会社」に改組）。

同社の支援の内容は、福祉的な枠組みにとどまりません。創業者の白澤繁樹社長がいつも口にするのは、「福祉から自立へ」という言葉ですが、障がい者や難病の方が個性を生かしたり制約を乗り越えたりして仕事に就き、自立した生活ができる賃金を受け取ることが当たり前の世の中を作りたいと考えているからです。

白澤社長によると、一般企業に就職した一部の方を除いて、就労支援施設などで働く障がい者は、月1〜2万円の工賃しか受け取れないそうです。また、難病に罹った方が社会復帰をするための支援体制も、まだまだ十分ではないということです。

ひふみよ社の所在地である鹿児島県では、首都圏などに比べるとさらに障がい者や難病の方の就職のハードルが高く、受け入れられる企業数にも限りがあるため、既存の枠組みや考え方の中では、障がい者の方や難病の方の自立を促していくことは非常に難しいそうです。

4-1 障がい者が自立できるクリエイティブな事業を開発する

ひふみよ社では、2015年10月に設立した、就労継続支援B型事業所の「ひふみよベース紫原（むらさきばる）」を拠点に、IT企業を経営していた白澤社長の経験を生かし、クリエイティブな事業の開発を通じて障がい者や難病の方が自立できるようにしたいと、様々

な新しい取組みにチャレンジしています。

　具体的には、WEBメディア「HIFUMIYO TIMES」の運営、アパレルや雑貨のオリジナルブランド「INSTINC」のリリース、ホームページ作成、広告や商品パッケージのデザイン、LINEスタンプの作成なども手掛けています。これらの事業にはすべて障がい者や難病の方が関わっていますが、それぞれの個性や強みを生かした仕事の割振りをしているため、健常者以上の成果を出してくれているそうです。

　例えば、知的障害を持つ方がデザインしたINSTINCのTシャツはどれも個性的で表情豊かです。自閉症の方が作成したイラストは、物凄い集中力で緻密に作成されています。

図表4-4-① ひふみよ社のオリジナルブランド「INSTINC」の商品

4-2　「サムライラーメン旨味」で世界的事業も

　白澤社長が手掛ける事業のうち、海外にも展開しているのが「サムライラーメン旨味」です。

　サムライラーメン旨味は、動物・魚介由来成分およびアルコール分を一切使わない、野菜とスパイスだけでつくられたスープが特徴のラーメンです。このラーメンは、知合いのビーガン（完全菜食主義者）の方がラーメンを食べられなかったという出来事を残念に

図表4-4-②　サムライラーメン旨味のパッケージ

思った白澤社長が、日本を代表する国民食とも言えるラーメンを
ビーガンの方にも楽しんでもらえるようにしたいと考え、開発した
のだそうです。開発には困難を伴ったそうですが、納得のいく味が
完成して商品化に成功しました。

　サムライラーメン旨味のパッケージのデザインは、ひふみよベー
ス紫原が手掛けたそうです。また、訪日旅行者のお土産や海外への
輸出も視野に入れている商品のため、箸も同封されているのです
が、この箸を商品にセットアップする作業も、ひふみよベース紫原
が手掛けています。箸のセットアップのような単純作業は、外部の
仕事を受託した場合には1個当たり数銭という1円未満の単価に
なってしまうことも珍しくないそうですが、自社開発の製品のた
め、何倍もの工賃を設定することが可能になっているということで
す。

4-3　国内外への出張も多い白澤社長に人事労務 freee を提案

　障がい者や難病の方の支援に関する会議や事業の開発・運営のた
め、国内外含め、白澤社長は非常に出張が多い方です。特に、サム
ライラーメン旨味の実店舗を出店するため、ビーガンの方が多い東
南アジアや中東などへの長期出張もあります。現在はマレーシアに
実店舗がありますが、今後は他の国にも出店を進めていく計画とい
うことです。

　当社とひふみよ社は、埼玉県と鹿児島県とで物理的な距離は遠い
ですが、縁あって同社の設立当初から労務顧問をしております。コ
ミュニケーションには、お互いに IT に抵抗感がないという強みを
生かし、当初は Facebook Messenger やメールを利用していました
が、現在は Slack を利用しています。また、当初は当社のインストー
ル型の給与計算ソフトで計算した給与明細を PDF データで納品し
ていましたが、その後人事労務 freee に移行しました。

図表4-4-③　マレーシアの店舗　中央が白澤社長

　これは、出張の多い白澤社長がどこにいても給与計算の結果を確認でき、給与支給日付近に出張が重なっても安心できるようにと、当社から提案させていただきましたが、給与明細がWEB化されたことで、社員への給与明細の配付も楽になったということでした。
　当社にとっても、HRテクノロジーやそれを支えるクラウドコミュニケーションツールを活用することで円滑に社会保険労務士としての顧問サービスを提供できるという成功体験をし、物理的な距離はサービス提供の障害にならないことを勉強させていただきました。
　現在はひふみよ社の組織再編に伴い、当社で給与計算等は行っていませんが、同社の運営するHifumiyo Timesへのコンテンツ提供など、引き続き、良いお付き合いをさせていただいています。

4-4　HR テクノロジーの普及は障がい者や難病の方の社会参加に役立つ

　もう1つ、ひふみよ社とのお付合いで勉強になったのは、HR テクノロジーの普及が、障がい者や難病の方の社会参加に役立つということです。その理由は、HR テクノロジーはテレワークと非常に相性が良いからです。

　例えば、四肢に障害を持つ方は通勤やオフィスのバリアフリー未対応が就職の妨げとなることがありますが、パソコンを使った仕事であれば自宅での就業も可能です。入院をしている難病の方も病院でテレワークをすることができれば、体調や回復状況に応じてテレワークにより段階的に社会復帰をすることも可能です。

　このようなテレワークの実現を支えるインフラの1つが、HR テクノロジーです。勤怠管理は自宅のパソコンやスマートフォンのアプリから打刻ができますし、給与明細も WEB で受け取ることができます。入社時・退職時に必要な情報のやり取りや年末調整などもHR テクノロジーを使えばすべてクラウド上で完結します。

　このように、HR テクノロジーを取り入れ、また、Chatwork やスカイプなどで随時連絡を取り合えるインフラを構築すれば、テレワークで自宅のパソコンに向かって仕事をしていても、オフィスで仕事をしているのとほとんど変わらない環境を再現することができます。

　HR テクノロジーを普及させることは、障がい者や難病の方を含め、多様な背景を持つ人々が労働市場に参加し、まさに1億総活躍社会を実現するためのバックボーンになる取組みなのだと、改めて認識させられました。

第5章
HR テクノロジーと
社会保険労務士

　ここまでは、主に HR テクノロジーのエンドユーザーで
ある企業の視点で話を進めてきました。第5章は、社会保
険労務士は HR テクノロジーにどのように関わっていくの
がよいかという視点から検討します。

　社会保険労務士と顧問契約を結んでいたり契約を検討し
たりしている企業の経営者や人事労務責任者の方も、HR
テクノロジー時代に社会保険労務士とどのように付き合っ
ていけばよいかを知っていただくため、ぜひ、本章にも目
を通してください。

第5章
HRテクノロジーと
社会保険労務士

第6章
RPAと
HRテクノロジー

第7章
HRテクノロジーで
プラチナ企業へ

第8章
HRテクノロジーを
「働き方改革」の礎に

1 人事労務業務と社会保険労務士

1-1　社会保険労務士の仕事とは

　同業の先生方には「釈迦に説法」ですが、一般の方向けに、まず
は社会保険保険労務士とは何者か、について説明をさせていただき
ます。

　社会保険労務士について、全国社会保険労務士連合会のホーム
ページでは次のように説明されています。

　　社会保険労務士は、社会保険労務士法に基づいた国家資格者です。
　　企業の成長には、お金、モノ、人材が必要とされておりますが、社
　会保険労務士はその中でも人材に関する専門家であり、「労働及び社
　会保険に関する法令の円滑な実施に寄与するとともに、事業の健全な
　発達と労働者等の福祉の向上に資すること」を目的として、業務を
　行っております。
　　社会保険労務士は、企業における採用から退職までの「労働・社会
　保険に関する諸問題」や「年金の相談」に応じるなど、業務の内容は
　広範囲にわたります。
　　職場や企業の悩みは、人を大切にする企業づくりの支援をしてい
　る、社会保険労務士にお任せください。

　企業経営における税金や資金繰りに関する疑問点の相談や、記帳
や決算の代行を依頼する場合は税理士に相談するでしょう。個人の
方も、確定申告や相続税などで悩み事があれば税理士に相談するこ
とがあるのではないでしょうか。

　同様に、経営者が社員の雇用や労働条件のことなどで悩んだり、
年金事務所やハローワークの手続きを依頼したりしたい場合に相談
するのが社会保険労務士です。個人の方は、老齢年金、障害年金な

図表5-1-① 社会保険労務士の業務

種別	内容	具体例
1号業務	行政機関への申請書・届出書・報告書などの作成とこれらの書類の手続代行・事務代理	・社会保険や雇用保険の資格取得や喪失の手続 ・離職票の発行手続 ・雇用関係助成金の申請代行 ・障害年金の申請代行
1号業務	労働者と使用者間の紛争解決手続の代理 （「紛争解決手続代理業務試験」に合格した「特定社会保険労務士」のみ受任可）	・労働トラブル解決のための「あっせん」や「調停」の手続の代理 ・上記手続に付随し、依頼者の紛争の相手方との和解のための交渉及び和解契約の締結の代理
2号業務	労働社会保険諸法令に基づく帳簿書類の作成業務	・賃金台帳や出勤簿の作成 ・就業規則の作成や改定 ・労使協定（36協定など）の作成や更新
3号業務	労務管理やその他労働、社会保険に関する事項について相談に応じ、指導をする	・人事制度や給与体系の設計 ・従業員教育やモチベーションに関する相談 ・労働トラブルの解決に向けての相談 ・企業年金や退職金制度の設計に関する相談
その他	給与計算関連業務	・給与計算の実施、給与明細の作成 ・勤怠集計（タイムカードの集計等）
その他	公の場での知識やノウハウ提供	・執筆、講演、研修講師等

どに関する相談や、職場でのセクハラ・パワハラや残業代未払いなどの労働トラブルに遭遇した場合に社会保険労務士に相談することができます（ただし、労働トラブルの解決方法として裁判や労働審判を希望する場合は弁護士に依頼することが必要）。

　具体的な社会保険労務士の業務を整理しますと、**図表5-1-①**のようになります。

　社会保険労務士は、顧問契約を結んで継続的に、またはスポット

契約で個別にこれらの業務を行っています。報酬は、かつては全国社会保険労務士連合会が定めた統一的な報酬基準がありましたが、現在は完全に自由化されています。顧問料や就業規則作成に係る報酬、助成金の申請代行報酬など、個々にそれぞれの判断に基づいて決定しています。

1-2　社会保険労務士と契約をするメリット

　社会保険労務士と契約するメリットについて、ここでは、企業と社会保険労務士の間の契約、すなわち「B to B」の契約におけるメリットに絞って説明します。メリットは6つあります。

　第1は、本業への集中です。中小企業では社長本人が給与計算や人事労務手続を行っていることも珍しくありませんが、社長の「時間」はプライスレスと言っても過言ではありません。社長は、今後会社をどうしていくべきか事業戦略を練ったり、トップ営業をして既存顧客との関係維持や新規顧客の開拓を図ったり、あるいは技術系の企業であれば開発の陣頭指揮を執ったりしなければなりません。そんな多忙な社長がハローワークの窓口で雇用保険の手続の順番待ちをしているのは、計り知れない時間のロスです。

　少なくとも、現に社長や幹部社員が給与計算や人事労務手続を行っている企業には、社長や幹部社員が真に重要な仕事に集中できる環境を作り出すために社会保険労務士と契約するメリットがあります。

　第2は、コスト削減です。人事労務手続や給与計算の担当者を社内で雇用しようとすると、フルタイムの方の人件費は、社会保険料の事業主負担分も含めると20万円は下回らないでしょう。しかし、社会保険労務士に人事労務手続や給与計算を委託すると、社内で人員をかかえるよりも少ないコストで、しかも国家資格を持った専門家による事務代行サービスを受けることができます。

　第3は、社員の負荷軽減や長時間労働からの解放です。人事労務

手続や給与計算を行う社員が、他にもいろいろな業務を兼任していて長時間労働が常態化している場合、業務量を見直し負荷を軽減しなければなりません。社内でその負荷を吸収することが難しい場合、社会保険労務士が人事労務手続や給与計算の受け皿になることができます。

第4は、知識やノウハウの提供を受けられるということです。「就業規則を作成する」「助成金を申請する」「労働者派遣の許可免許を受ける」といった業務は、もちろん企業自身で行うことが可能です。しかし、労働法令の細かい解釈が必要であったり、行政が定めたマニュアルを読み解いたりしなければならないため、慣れないことを1つ1つ調べながら行うのは膨大な時間がかかります。それに、「これで本当に合っているのか？」という不安も残るでしょう。このような専門知識が必要な業務は、社内に知識やノウハウを持った人材がいない場合、社員にゼロから勉強させて行うよりも社会保険労務士に依頼したほうが合理的です。特に、労働者派遣業の許可を受けるとか健康保険組合へ編入するといった、めったに発生しない業務は活用すべきでしょう。

第5は、社員の職場環境や福利厚生の向上です。例えば、ハラスメントの通報窓口を社会保険労務士事務所に委託することができます。あるいは、社会保険労務士を社員研修の講師として招いて、メンタルヘルスや社会保険制度に関する勉強会を行うこともできるでしょう。

第6は、社会保険労務士が経営者や人事労務責任者の相談相手になることができるということです。労働基準監督署や年金事務所の窓口に相談すれば、「法律的に正しいかどうか」という相談には応じてくれます。しかし「この会社をこういう社風にしたい」とか「社員が安心して働ける会社をつくりたい」という経営者の考えに寄り添い、経営者の想いを実現するために二人三脚で知恵を出したり仕組みを作ったりすることは、法律論だけで解決する話ではありませんので、社会保険労務士に是非相談していただきたい内容です。

2 これからの社会保険労務士と HRテクノロジー

2-1 HRテクノロジーは社会保険労務士の仕事を奪うのか

　ここから、社会保険労務士の先生方向けの内容に入っていきます。折に触れて話題になるのは、HRテクノロジーが発達すると、これまで社会保険労務士が専門家として報酬を受け取って行っていた業務がHRテクノロジーに置き換えられていき、HRテクノロジーが社会保険労務士の仕事を奪うのではないかということです。

　詳しくは2-6で触れますが、この話を始める前にあらかじめ明確にしておきたいのは、HRテクノロジーは既存の社労士ソフトとは別物であるということです。既存の社労士ソフトは、純粋に社会保険労務士の仕事を楽にしてくれるものでした。社労士ソフトのおかげで、手書きで作成するしかなかった顧問先の人事労務に関する手続き書類の作成や、紙や電卓で行っていた顧問先の給与計算を、パソコン上で行うことが可能になりました。これに対し、HRテクノロジーは、社会保険労務士や経験を積んだ担当者でなくても、クラウド上の仕組みとわかりやすいインターフェースによって人事労務業務を行うことができるようにし、業務の種類によっては全自動化して人の介在自体さえも不要にしてしまうIT技術です。

　そのイメージを頭に置いていただいた上で、HRテクノロジーが社会保険労務士の仕事を奪うか奪わないかについて検証を進めていきたいと思います。

　この問題提起に対しては、「奪われるか、奪われないか」の2択で議論することは大雑把すぎて意味がありません。「どのような仕事が奪われ、どのような仕事が残るのか」という個別具体的な視点で

第5章　HRテクノロジーと社会保険労務士

視　点	起こり得ること	社会保険労務士への影響	社会保険労務士がすべきこと
短　期 （ここ数年）	自動作成できる労務手続書類の増加や、自動による給与計算の精度アップ	1、2号業務および給与計算業務の縮小や、コストダウン競争の激化	HRテクノロジーについて学び、1、2号業務を効率化しながら対応するのか、3号業務に特化する方向に行くのか等の方向性を考える
中　期 （5〜10年）	AIが簡単な労務相談に答えたり、ビッグデータによる分析結果を示したりする	3号業務も単なる知識の切り売りではAIとの競争になる	顧客と信頼関係の強化、および、労使紛争解決、コーチング、経営アドバイスなど、AIと競合しない高付加価値業務ができるスキルを身に付けていく
長　期 （10年超）	社会保険労務士（生身の人間）だからこそ対応できる仕事は残る	付加価値の低い仕事が自動化された分、逆に付加価値の高い仕事に集中できる	

図表5-2-① HRテクノロジーが社会保険労務士の仕事に及ぼす影響

考えていくことを議論の出発点にしなければならないでしょう。「奪われる仕事」と「残る仕事」を、短期（ここ数年）・中期（5〜10年）・長期（10年超）の3つの視点で整理をするとわかりやすいです。

① 短期的な視点

　まず、「ここ数年」という短期的な視点でHRテクノロジーに奪われる社会保険労務士の仕事は、書類の作成と給与計算関係ではないかと考えています。年金事務所やハローワークに提出する社員の入社・退職等に関する書類の作成、労働者名簿や賃金台帳のような社内帳票を作成する業務は、HRテクノロジーに置き換えられる、と

いうか既に置換えが始まっています。

　第3章で紹介したように、人事労務freeeやSmartHRを使えば、少なからぬ書類がほぼ自動で作成される機能が既に完成しています。SmartHRならば、電子申請までシームレスで直結しています。

　給与計算に関しても、ソフトの初期設定と変更点の管理さえきちんと行えば、勤怠情報の入力が完成した途端、給与計算が自動的に完成するという時代が近いうちに到来すると思います。現時点においても、常に固定給のみが支払われている役員だけの企業等に限れば、人事労務freeeやMF給与を使えば、ほぼ「放置」していても毎月の給与計算が正しく行われるくらいの完成度になっていると考えて差し支えありません。

　人事労務freeeでは、裁量労働制やフレックスタイム制など特殊な労働時間が適用される社員も含め、残業代が正しく計算される機能を既に開発しました。固定残業代が支払われる場合の残業代計算の自動化にも成功しました。給与計算期間の途中で入社や退職があった場合など、現時点で自動計算対応ができていない機能もいくつか残ってはいますが、HRテクノロジーが全自動で給与計算を行う時代が来るのはそう遠くはないでしょう。

②　中期的な視点

　次に、5～10年という中期的な視点で見た場合に「奪われる仕事」です。5～10年経てば、AIの性能も相当高度なものになるでしょうから、分析や提案をするような仕事がHRテクノロジーに本格的に置き換わっていくのではないかと考えられます。

　やはり、ビッグデータを蓄積したりそれを分析したりという作業は、人間よりもコンピュータのほうが優れていますので、法令に準じたQ＆A的な質疑応答や多数の応募者の中からビッグデータに照らし合わせて採用候補者を選び出す採用支援のような、相談業務や客観的なデータに基づいたコンサルティング業務の一部は、徐々にHRテクノロジーに置き換わっていくのではないかと予測します。

③ 長期的な視点

　最後に、10年超の長期的な視点で見ても HR テクノロジーに奪われることはないと考えられる仕事です。それは、「人の心に寄り添う仕事」と「将来の進むべき道を決める仕事」です。

　AI は、プログラムやビッグデータに基づいて合理的な判断をしますが、生身の人間の心は必ずしも合理的でありません。例えば、AI が企業の状況を分析して「社員の1割をリストラしなければならない」という判断を示したとしましょう。リストラが必要だという AI の判断がたとえ正しかったとしても、リストラされることになった1割の人々に対し、機械的に退職勧奨を行ったり解雇通知書を交付したりするだけでは、労働トラブルが発生するおそれがあります。このような場合、リストラ対象者の1人1人と丁寧に面談を行い、理解を得る必要がありますが、それは人間同士で向き合わなければなりません。ですから、面談に同席したりアドバイスをしたりするような仕事は、社会保険労務士に残るでしょう。

　また、社内のデータベースを解析して現在の経営状況や社員の状況をレポートすることや、現在の経営課題が何かを提示することは、AI でできるようになると思います。しかし、将来のために大型投資を決断するとか、新規事業を立ち上げるとか、場合によっては直感を信じて未来を見据えた経営判断を下すのは人間の仕事でしょうから、経営者の判断を人事領域からサポートするような仕事も社会保険労務士に残るでしょう。

　社員向けの研修会も、単純なトレーニングや情報提供ならば AI が行うことができると思いますが、笑いをとったり参加者の興味や関心の度合いに合わせてアドリブを行ったりして、楽しく有意義な研修会を行うには、やはり生身の人間である社会保険労務士が講師になって聴講者である社員と向き合うことが必要です。

　こういった「人だからこそできる」仕事に全面的に注力できている社会保険労務士事務所は、まだ決して多くはないと思いますの

で、HRテクノロジーにより、社会保険労務士が仕事を奪われるというよりもより高度な仕事へ向き合うことができるようになると言うことができるのではないでしょうか。

また、HRテクノロジーにより浮いた工数は、無理に何か新しい仕事で埋める必要はなく、休養や家族サービスに充ててもよいと思います。「医者の不養生」にならないよう、社会保険労務士事務所自身も「働き方改革」を進め、むしろ顧問先様にとっての模範になることができたら素晴らしいと思います。

2-2　HRテクノロジーに置き換えられる仕事に無策にしがみつくのは危険

上記のようなHRテクノジーによる変化は、時代の大きな流れですので、これに逆らうことは社会保険労務士にとって危険であると考えます。手続きや給与計算を迅速かつ正確に行うことを、人間がコンピュータと競っても人間が勝つことはできませんし、HRテクノロジーにより仕事が簡素化されたならば、その仕事から受け取る報酬単価も下落するというのが、市場原理だからです。

報酬単価が下落する場面において経営を維持するためには、「仕事量」を増やさなければなりません。この点、ただがむしゃらに仕事量を増やすだけでは、社会保険労務士本人が疲弊することはもちろん、事務所のスタッフにも「ブラック企業的」な働き方を強いてしまうことになります。

そういったブラック企業化を避けるには、事務所に積極的にHRテクノロジーを導入して、徹底的に効率化を図る必要があると考えます。逆に、HRテクノロジーに対する設備投資を行わないのであれば、生身の社会保険労務士しか行うことができない高付加価値の仕事に軸足を移していく必要があるでしょう。

極論を言えば、将来、HRテクノロジー全盛時代になっても社会保険労務士事務所が生き残るためには、この2択のいずれかに舵を

切らなければならないのではないかと思います。

このように、HRテクノロジーが社会保険労務士の仕事を奪うという側面があることは間違いないでしょう。しかし、社会保険労務士がHRテクノロジーを理解して活用すれば、HRテクノロジーは、社会保険労務士の仕事をより高次元なところに押し上げてくれるパートナーのような存在であると、筆者は感じています。HRテクノロジーが社会保険労務士の敵か味方かという話よりも、HRテクノロジーにより我が国の企業のバックオフィスが効率化して、生産性の向上や働き方改革の実現につながっていくことのほうが圧倒的に重要でしょう。

2-3　HRテクノロジーの導入は「時期尚早」ではない

我が国におけるHRテクノロジーには、コンセプトは素晴らしくとも実際の機能面はまだまだ発展途上であるという実態もたしかにあります。それゆえ、HRテクノロジーの導入は時期尚早であると考えている社会保険労務士も現時点では少なくないかもしれません。しかしながら、筆者の社会保険労務士法人は「メリットのほうが大きいのだから、不足する機能は創意工夫で補えば良い」という考えに至ったので、HRテクノロジーの積極的な導入に舵を切るという経営判断をしました。

例えば、人事労務freeeで勤怠管理を行えばその勤怠管理が給与計算と同一ソフト内で直結し、給与計算の作業が楽になります。顧問先もタイムカードを社会保険労務士事務所へ送る手間が省けてWEBで給与明細の閲覧もできるようになるなど、メリットは沢山あります。こうしたメリットは、「日割計算に対応していない」「時給者が要出勤日に休んだ場合に勤怠カレンダーに『欠勤』を入力できない（欠勤なのか入力漏れなのか判別ができない）」など、細部で未対応の機能があるデメリットを上回ると、当社では確信を持っています。

ですから、「○○の機能がまだないので、HR テクノロジーを利用するのは見送ろう」というのは勿体ないことです。対応していない機能に関しては、「日割計算が必要になった場合の Excel シートを作っておく」とか「時給者が欠勤したときにはカレンダーの備考欄に『欠勤』と書き込むことをルール化しておく」とか、ほとんどの場合は創意工夫により実務上の対応は可能です。

余談になりますが、私は社会保険労務士として独立する前は、自動車関係の製造業の事業会社に勤務していました。自動車部品を生産するための沢山の機械やロボットを購入していましたが、その機械やロボットは、最も効率的になるよう配置するレイアウトを考えたり、独自に改良を加えて足りない機械やロボットの性能を補ったりして、より高い生産性を発揮できるように知恵を絞っていました。社会保険労務士業もビジネスなのですから、事務所の生産性を高めるために、ないものねだりや待ちの姿勢ではなく、より高い生産性を求めて積極的に新しい技術を導入したり自ら創意工夫をしたりしていくことが必要なのではないでしょうか。

2-4 社会保険労務士も HR テクノロジーの開発に積極的に参加すべき

もう 1 つ、当社が HR テクノロジーの早期活用に舵を切った理由は、社会保険労務士は、HR テクノロジーの開発に積極的に参加しなければならないという責任感や使命感を感じたからです。

言い換えれば、社会保険労務士は HR テクノロジーの単なる「利用者」であってはならないと、当社は認識しているのです。HR テクノロジーは、我が国の労働生産性の向上や、働き方改革の推進にあたって必要不可欠な技術ですので、一刻も早く完成度を高める必要があります。社会保険労務士は、「当事者」として HR テクノロジーの開発に関わっていかなければならないのではないでしょうか。

HR テクノロジーを開発している企業は、IT のノウハウやスキル

は持っていますが、人事労務の実務には必ずしも詳しいわけではありません。一方、実務家である社会保険労務士はITの専門家ではないため、自らHRテクノロジーを開発することは通常難しいですが、HRテクノロジーのソフトやサービスをどんどん利用して実地検証を行い、問題点や不便な点をフィードバックしていけば、ソフトやサービスの改善を促すことができます。

ですから、両者がそれぞれの強みを生かして協力していくことが必要です。社会保険労務士がHRテクノロジーを開発している企業を積極的に支援していくことで、双方の専門性が縦糸と横糸でかみ合って、我が国のHRテクノロジーの進歩は飛躍的に早まることは間違いありません。

社会保険労務士は、自社や顧問先で導入しているHRテクノロジーに不具合があった場合は、ベンダーのコールセンターにクレームを伝える留まるのではなく、ベンダーと一緒に解決策を探っていくくらいのスタンスを取ることが、国家資格者としての社会的責任と言えるかもしれません。

2-5　HRテクノロジー導入上の注意点

社会保険労務士がお客様にHRテクノロジーを用いることを提案したり、お客様と契約を結んだりする場合に、気を付けておきたいことが4点あります。

① 誰が費用を負担するのか明確にしておく

第1は、HRテクノロジーの導入や継続にあたって発生する費用を誰が負担するのかを明確にしておくことです。クラウド型のHRテクノロジーのソフトは、利用を続ける限り継続的に費用が発生します。また、KOTのようなクラウド勤怠管理システムを導入する場合は、社員証やSuicaなどで打刻する機械の購入費用もかかります。「そんな費用が発生するとは知りませんでした」「先生のところでそ

の費用は持ってくれると思っていました」「導入支援は別料金だなん
て寝耳に水です」などと言われてトラブルにならないよう、費用面
の仕切りは、最初にしっかり入れておく必要があります。

②　お客様との役割分担を明確にしておく

　第2は、お客様と社会保険労務士事務所の役割分担を明確にして
おくことです。クラウドソフトは、社会保険労務士事務所とお客様
が同じインターフェースを共有することになりますから、お互いが
同じ画面を操作したり入力したりすることができます。運用が始
まってから、「ここは先生がやってくれると思っていました」とか
「いやいや、それは企業側でやってくれないと困ります」という形で
揉めるのはお互いに気持ち良くありませんので、役割分担について
は、後発的に出てくるものはやむを得ないにしても、契約時点で可
能な限り線引きをしておきたいものです。

③　顧問税理士との役割分担を明確にしておく

　第3は、お客様だけでなく、お客様の顧問税理士とも役割分担の
整理をしておくべきです。人事労務freeeやMF給与を導入すると、
通常はインターフェースをお客様の顧問税理士とも共有することに
なります。「クラウド上で自動作成された源泉徴収票の出力や配
布」、「給与計算上の住民税に関する設定」、「年末調整機能の初期設
定」など、社会保険労務士と税理士の業務が、実務上重なる部分に
ついては、互いに対応が漏れたり二重に対応してしまったりして、
お客様を混乱させてしまってはいけません。あらかじめ社会保険労
務士、税理士、お客様の三者で話し合いをして、明確に「仕切り」
をする必要があります。

④　HRテクノロジーの操作習熟を怠らない

　第4は、社会保険労務士自身も、HRテクノロジーの操作習熟を
怠らないようにしておくということです。HRテクノロジーの操作

の不明点に対する質問は、基本的にはベンダーのサポートセンターが窓口になります。しかし、当社のこれまでの経験から、お客様がサポートセンターに何をどう質問してよいかわからず、社会保険労務士が間に入ることも珍しくありませんでした。もちろん契約の条件にもよりますが、導入だけ提案して、いったん導入したら「あとは御社で頑張ってください、サヨウナラ」では無責任ですので、導入が軌道に乗るまでは、お客様に寄り添ってサポートすることを原則と考え、それができるように、社会保険労務士も、HRテクノロジーの表面的な部分だけでなく、具体的な操作方法について、少なくとも自社が導入を推奨するソフトについては、習熟しておきたいものです。

2-6　HRテクノロジーと既存の社会保険労務士ソフトおよび社会保険労務士との関係

　ところで、2-1の冒頭でも簡単に触れましたが、社会保険労務士業界は、決してHRテクノロジーが世の中に出始める以前からITに無関心だったわけではありません。多くの社会保険労務士事務所が、「セルズ」「社労夢」「ARDIO」といった業務ソフトを導入してパソコン上で申請書類を作成したり電子申請を行ったりするなど、事務所運営の効率化に努めてきました。給与計算機能も上記の業務ソフトに含まれていますし、大企業の給与計算や複雑な給与計算を受注している社会保険労務士事務所は、「PCA給与」「弥生給与」「給与奉行」といった本格的な給与計算ソフトも導入していました。

　これらのソフトは、基本的にはインストール型のソフトとして販売され、また、インターフェースも社会保険労務士などの専門家が利用することを想定して構築されていました。

　その前提があったから、「企業が顧問社会保険労務士にFAXやPDFファイルなどで元データを提供」⇒「社会保険労務士が元データに基づき業務ソフトで人事労務手続や給与計算を代行」⇒

「社会保険労務士が企業に手続完了の通知書や給与計算結果（給与明細など）を納品」というビジネスモデルが成り立っていました。

　ところが、そこに黒船的に現れたのが HR テクノロジーといわれる一群のクラウドソフトです。2014年10月に給与計算 freee（現在は人事労務 freee）、2015年3月に MF 給与、2015年11月に SmartHR がそれぞれリリースされ、人事労務手続や給与計算の自動化の時代が幕開けました。

　誤解してはならないのは、既存の社会保険労務士ソフトが決して低スペックだったということではありません。社会保険労務士から見た機能性という意味では、現在も HR テクノロジー各社のソフトより多機能であり、熟成度も高いです。

　しかし、機能性や熟成度の不利を差し引いても、専門家でなくとも誰もが簡単に使えるインターフェースと、クラウドを活用した自動化思想は、HR テクノロジーに時代を変えるほどのインパクトを持たせた新発想だったのです。

　なお、既存の社会保険労務士向けソフトもクラウド化に舵を切っています。セルズは「セルズドライブ」を開発して、社会保険労務士事務所内でしか閲覧できなかった人事マスタ等を顧問先ともクラウド上で共有できるようにしました。給与計算ソフトの PCA も、「PCA クラウド」というクラウドバージョンの給与計算ソフトを発売しています。

　このように見ていくと、社会保険労務士業界は、新旧勢力を交えたクラウド化時代に突入していると言えます。社会保険労務士の顧客に対するサービスメニューも、形を変えていかなければならないのでしょう。これまで培ってきた知識や経験を生かしつつ生き残るためには、変化していくことが必要です。例えば、HR テクノロジーの導入や初期設定の支援、導入した HR テクノロジーが正しく動いているかのチェック、HR テクノロジーによって集計された人事労務データに基づく労務監査といったことを、新しい時代の社会保険労務士の付加価値として提供できるはずです。

2-7　変わることの必要性は歴史が証明している

　「変わる」ということには勇気が必要です。しかしながら、歴史を振り返っても変わることができた企業こそが生き残っていると言えます。

　「変わる」ことで生き残った印象的な事例としては、富士フィルムが挙げられます。富士フィルムは、社名が示すとおり、カメラの銀塩フィルムの大手企業でした。「写ルンです」のインスタントカメラでも有名でしたが、デジタルカメラの普及によって銀塩フィルムの市場は大幅に縮小しました。この時、主たる事業が危機に直面したわけですが、持っていた基礎技術を医療やヘルスケアなどの分野に応用して、今日に至るまでさらなる発展を続けています。「変わる」ことができなかった米国の同業のコダックは、破産に追い込まれてしまいました。

　別の例を挙げるならば、本田技研工業でしょう。本田技研工業は、戦後間もなく本田宗一郎氏が原動機付自転車を製造・販売したところからスタートしました。オートバイの次に四輪自動車、そして現在は福祉車両やパーソナルモビリティ、そして小型ジェット機（ホンダジェット）など、「人々の移動を便利にする」という基本的な考え方を軸に持ち、時代時代のニーズに合った「乗り物」を開発し続けています。

　このように、日本を代表する大企業も「変わる」ことを経験しながら生き残り、発展してきたわけですから、社会保険労務士も「企業の発展を支える」「労働者の福祉を実現する」といった理念は不変でありながら、時代に合った社会保険労務士像やサービスを追求していかなければなりません。

　もちろん、HR テクノロジーに関わっていくことが唯一の社会保険労務士の道ではありません。本書のテーマが HR テクノロジーなので、HR テクノロジーを軸に未来の社会保険労務士像を語っていますが、視点を変えれば、障がい者や高齢者に寄り添う社会保険労

務士、弁護士とタッグを組んで労働者の権利実現のために闘う社会保険労務士（社会保険労務士も法改正により法廷での陳述権等を手にしている）、若者のキャリアを支援する社会保険労務士など、様々な未来の社会保険労務士像があってよいはずです。

2-8　極論を言えば、人事労務手続や給与計算の仕事はなくなるのが理想

　ここまで様々なことを述べましたが、誤解をおそれずに極論を言えば、社会保険労務士の業務のうち、人事労務手続や給与計算はなくなってしまうことが理想です。筆者自身を含め、多くの社会保険労務士が「飯の種」にしている人事労務手続や給与計算がなくなってよいなどと言うと「天に唾を吐くようなものでないか」と、同業者から袋叩きに合ってしまうかもしれません。しかし、人事労務手続や給与計算はあくまでも純粋な事務作業であり、世の中に何らかの新たな付加価値を生み出すものではありません。労働時間の短縮や人手不足が課題となっている世の中ですから、付加価値を生み出さない業務はできるだけ短時間で行うことが望ましく、それを突き詰めれば、なくなってしまうのが理想的だということです。

　事務作業は HR テクノロジーに任せて、社会保険労務士は、顧問先の労働生産性を向上させるための施策を提案したり、社員が健康を害することなく安心して生き生きと働くことができる職場づくりを事業主と二人三脚で進めていったりと、そういったところで人事労務の専門家としての力を発揮していくことが、これからの日本の産業を下支えする力になっていくはずだと筆者は信じています。

第6章
RPA と HR テクノロジーの関係

第6章は「RPA」について説明します。詳しい説明は本文の中でさせていただきますが、RPA は HR テクノロジー相性が良く、HR テクノロジーのポテンシャルをさらに引き出す技術です。比喩的に言うならば「鬼に金棒」ということになるでしょうか。「鬼」が HR テクノロジー、「金棒」が RPA です。

第5章 HRテクノロジーと社会保険労務士

第6章 RPAとHRテクノロジー

第7章 HRテクノロジーでプラチナ企業へ

第8章 HRテクノロジーを「働き方改革」の礎に

1 RPAとHRテクノロジー

1-1　RPAの説明と定義

　RPAは、英語のRobotic Process Automationの頭文字をとった略語で、日本語に訳すと「ロボットによる業務の自動化」という意味になります。ここで言う「業務」は、デスクワークが想定されています。RPAでは、パソコンやサーバーにロボット（と呼ばれるプログラム）をインストールして、そのロボットがブラウザやソフトウェアを操作することによって業務の自動化が実現されます。

　この点、製造業においては、RPAではなく、FA（Factory Automation）という言葉が使われてきましたが、RPAが目指す世界観が既に実現していますので、FAと比較するとRPAのイメージが掴みやすいです。例えば、トヨタ自動車や本田技研工業といった自動車製造会社の工場においては、ファナックや安川電機といったロボットメーカーがつくったアームロボットが多数稼動して、部品を搬送したり溶接をしたりして、次々と自動車を組み立てています。

　ロボットを動かすための最初のプログラミングは人間が設定する必要があり、ロボットが部品を掴む角度や溶接をする秒数などを技術者がコントローラーを使ってロボットに覚えさせますが、うまく設定がされれば、ロボットが寸分違わず教えた動作を繰り返してくれます。一方、ロボットが苦手とする細かい作業は人間が対応しています。まさに、ロボットと人間がそれぞれの得意分野を役割分担して、沢山の自動車を効率的に組み立てているのです。

　また、自動車工場は2交替制とか3交替制で稼働しているのが一般的ですので、工場で勤務する社員は早番・遅番といったチームを組んで、入替わりで勤務することになります。ところが、FAのロ

ボットに関しては、メンテナンスの時間を除き交替も休憩もなくこなしてくれます。気分や感情、疲労などによって作業効率や精度にバラつきが生じることがないのも、FAのメリットです。

デスクワークにおけるRPAも、基本的には製造業のFAと同じ考え方ですので、FAとRPAを比較した下図をご覧ください。

図表6-1-①　FAとRPAの比較

	製造業（FA）	デスクワーク（RPA）
ロボットの性質	目に見える物理的なアームロボット	パソコン内で動く仮想のロボット
自動化の対象	製造プロセスを自動化	事務プロセスを自動化
ロボットの教育	物理的な動作を覚えさせる	パソコンの操作を覚えさせる
ロボットの稼働時間	無制限	無制限

このように、FAとRPAは活用される場面やロボットの性質こそ違え、本質的な考え方の部分では同一性があることを感じていただけるのではないかと思います。

ここで、RPAを活用した自動化の一例を紹介したいと思います。社員の通勤手当を確認し、給与計算に反映させる事務作業を想定してみましょう。

人間がこの作業を行うと、①1カ月の定期代を調べる、②調べた定期代を人事労務freeの従業員マスタに反映させる、という2つの作業が発生します。社員が100人いたら①・②の作業を100回繰り返すことになりますが、生身の人間がその作業を行うのは時間もかかりますし、集中力を切らさずに続けることはとても大変です。

一方、RPAのロボットがインストールされたパソコンで行うと、人間が行った1人目の①・②の作業から、「インターネットサイトのここをクリックした」とか「調べた定期代を人事労務freeのここにコピー＆ペーストした」とか、パソコン上の1つ1つの操作をロ

ボットが学習して、2人目から100人目はロボットが自動的に同じ操作を繰り返してくれます。

　なお、RPAは、人事労務領域だけでなく、会計処理、営業情報管理、サーバーの稼働監視、在庫管理など、あらゆるビジネスの領域において幅広く活用できるので、人事労務領域以外にも導入を広げることが可能です。

1-2　RPAの導入コストは決して高価ではない

　HRテクノロジーは、小さな企業でも比較的安価に導入できると説明しましたが、RPAの導入にはまとまったコストが発生します。例えば、ソフトバンク社が提供するSynchRoid（シンクロイド）というRPAサービスは、2019年3月現在、**図表6-1-②**のような価格プランになっています。

　また、NTTアドバンステクノロジ社が提供するWinActor®（ウィンアクター）というRPAサービスでは、2019年3月現在、フル機能版で年間利用料が90.8万円ということです。金額だけ見ると、決して安価なものではないかもしれません。しかし、次のように考えてみてはいかがでしょうか。

　それは、RPAは「人」に代わる存在だということです。例えば、SynchRoidのライトパックであれば、月当たり7.5万円で朝から晩

図表6-1-②　SynchRoidの料金表

プラン	ベーシックパック	ライトパック
特　徴	・RPA開発者を複数人同時育成 ・複数ユーザーで同時利用	・RPA開発者を1人ずつ育成 ・1ユーザーからの利用
ライセンス数	1ライセンス、10人同時アクセス	1ライセンス
価　格	60万円/月	90万円/年

まで働いてくれる勤勉な「社員」が入社するのと同じです。ロボットには、もちろん残業代や社会保険料も発生しません。人をフルタイムで雇用したら、仮に最低賃金で考えても、月平均所定労働時間を160時間とすると、東京都の場合、985円（2018年10月1日発効）ですから、最低でも157,600円が必要です。ここに社会保険料の会社負担分も発生しますから、残業代を除いてもトータルで約18～19万円の人件費を想定しなければなりません。

　注意点としては、RPAを導入したからと言って次の日からフル稼働してくれるわけではありまでんので、過度の期待をすることは禁物です。RPAを稼働させるには、ロボットが業務を行えるように、あらかじめ対象業務を標準化しておくことや対応してほしい業務をロボットに覚えさせるための「教育」のステップが必要です。そのような標準化や教育を1つ1つの業務で地道に積み重ねて、少しずつロボットの稼働率を上げていく必要があるのです。生身の人間の新入社員に研修を行うのと同様、RPAにも「教育」の時間が必要なのです。

1-3　HRテクノロジーとRPAの関係

　HRテクノロジーとRPAの関係は、端的に言えば「HRテクノロジーを120％活用するための手段がRPAである」と言えます。すなわち、それまで手書きやExcelなどで行っていた業務をHRテクノロジーに置き換えることで、業務の効率化や標準化が行われ社内の工数が削減されます。標準化された業務の一部または全部をRPAに置き換えることで、自動化によってさらなる工数削減が進むというイメージです。

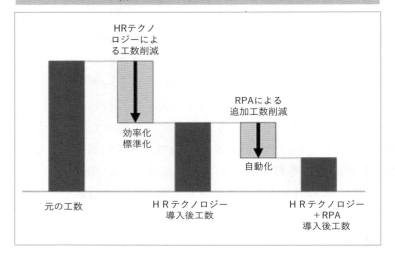

図表6-1-③ HRテクノロジー、RPAによる業務効率改善のイメージ

　標準化された作業はRPAと親和性が高いので、HRテクノロジーを導入して業務を標準化し、標準化されたプロセスを順次RPAに置き換えていくことで、HRテクノロジーとRPAが車の両輪として機能する理想的な業務効率改善が実現するのです。

1-4　HRテクノロジーとRPAの導入の順番

　HRテクノロジーとRPAは、車の両輪として機能するのが理想的な状態ですが、これは、必ずしもHRテクノロジーとRPAを同時進行で導入しなければならないという意味ではありません。やはりRPAのほうがコスト的にも技術的にも導入のハードルが高いので、多くの企業では、まずはHRテクノロジーを導入して、HRテクノロジー単独で実現できる業務の効率化と標準化を突き詰めることで、将来的にRPAを導入するための足場固めをすることとなるでしょう。HRテクノロジーの普及とRPAの普及には、数年のタイムラグが生じると考えられます。

筆者は、この間、HRテクノロジー提供企業がRPAを積極活用して、自社が提供するHRテクノロジーのどの部分がRPAと親和性があるのかノウハウを積み上げておき、将来企業がRPAを導入する際にそれをユーザーに還元していくという取組みが実現すればと願っております。

　例えば、Excelで管理していた人事情報をSmartHRに乗り換える際、既存社員の情報をインポートする作業が発生します。RPAを導入してこの作業をロボットに行わせるにはロボットに手順等を教えなければなりませんが、人数が多かったりExcelシートが複数枚に分かれていたりすると、移行作業には少なからぬ時間と工数がかかり、教える時間と工数も自然と増えます。こういった作業手順が、HRテクノロジー提供企業の側で積み上げられたノウハウに基づきマニュアル化されていれば、ユーザーの助けになるとともに、導入のハードルも下がります。ユーザーにとってもベンダーにとってもプラスであり、win-winということになるのではないでしょうか。

2 企業における RPA 活用事例

2-1 給与計算ソフト移行業務における RPA 活用

　既に RPA を積極活用して成果を出している企業に、広島市に本拠を置き、東京にも事務所を構えている、社会保険労務士法人サトー（以下、「サトー」という）があります。

　サトーでは、従前より HR テクノロジーの活用に前向きでしたが、2017年12月１日付で設立したサトーアソシエイツ株式会社とともに、さらに積極的に HR テクノロジーや RPA の活用に取り組んでいくということです。今回の取材では、サトーグループで IT 部門の中心となっているサトーアソシエイツ株式会社の杉野愼専務取締役に、RPA の活用状況を中心に話していただきました。社労士業界に限らず、一般企業においても非常に参考になる事例です。

① RPA によるデータ移行作業で社員の負担を軽減

　杉野専務によると、RPA は、現在顧問先が給与計算ソフトの乗り換える際や従業員マスタ更新の際に大活躍をしているということです。

　給与計算ソフトの乗換えを例に挙げると、年度途中で給与計算ソフトをクラウド型の HR テクノロジーに乗り換える際、給与データの移替えが必要になります。データを移し替えなければ、１年分の給与データが必要な年末調整や労働保険の年度更新などの業務に対応ができません。データの移替えで実務上よく行われる方法は、過去分の勤怠集計データを移行先の給与計算ソフトに読み込ませる方法です。しかし、この方法ではソフト間の端数処理の仕様差（切上げ、切捨て、四捨五入）などにより、同じ勤怠集計データを読み込

第6章　RPA と HR テクノロジーの関係

ませても、数円単位でズレが生じてしまうことが少なくありません。また、給与計算業務を受託する前提であれば、勤怠を入力（インポート）した際の自動化計算がうまく設計できているかを確認する必要があるため、単純に過去のデータを読み込ませればよいというものでもありません。この端数が合っていない箇所を手動で修正するのは大変な作業であり、かつ何の生産性も生まない辛い作業です。

　そこで、サトーではRPAにデータの移替え作業を担当させています。RPAに「そのままの数字を移行する」とか「四捨五入をする」とか、1人分の作業を覚えさせれば、社員が何人いようが、黙々と作業してくれます。つまり、新給与計算システムでの検算が終わり、差分を確認した後に、過去の給与データと一致させる作業をRPA化しています。杉野専務によれば、RPAのプログラムを書き分けることで、データの移行先が人事労務freeeであってもMF給与であっても、柔軟に対応できているということです。

　印象的だったのは、「RPAによって、働く人の負担を、肉体的のみならず精神的にも楽にしたい」という言葉でした。生身の人間にとって、単純な作業を何時間も延々と繰り返すことは心身に大きな負担がかかります。疲れてくるとミスも発生してしまいがちです。この点、RPAは形の決まった反復継続作業は得意中の得意です。給与計算ソフトを移行するための条件を設定したRPAを終業時刻までにセットして稼働おけば、翌朝出社した時には作業を終わらせてくれているということです。夜遅くまで残業をしてパソコンに向き合い、データ移行作業を延々と行うことを考えたら、天国と地獄ですね。

②　費用対効果だけでなく職場環境の改善度合いにも注目

　現時点では「業務ボリュームの少ない中小企業では、まだまだRPAのコストを金額的にペイできる印象がない」そうですが、今すぐにRPAを導入して負担を軽減することが難しくても、「働く人の肉体的・精神的負担を楽にしたい」というゴールを見据え、業務の

標準化や割振りなどを見直し、皆がストレスなく仕事に取り組むことができる職場環境の構築を目指すことで、かなりの改善は見られるのではないかと期待されます。また、そういったストレスの改善度合い（精神的な部分も含め）を業務評価の指標の1つとして取り入れていくことも、改善を促すきっかけになるでしょう。

2-2　毎月の給与計算の完全自動化が目標

　現在サトーで実用化の検討を進めているのは、人事労務freeeやMF給与などのクラウド給与計算ソフトにRPAを組み合わせ、前提条件が揃えば毎月の給与計算が完全に全自動で終わる仕組みを構築することだそうです。

① 人の手による作業をなくすことでミスの防止につなげる

　クラウド給与計算ソフトの章でも触れましたが、人事労務freeeやMF給与を導入しても、日割計算や昇給、手当に変更があった者の従業員マスタの変更などは、手計算や手入力で修正を行わなければなりません。サトーではこのような作業をすべてPRAによる作業に置き換えようとしているということです。

　具体的な手法としては、月の月途中の入・退職者、昇給者、通勤手当変更者、扶養人数変更者、月変（社会保険料変更）対象者など、手計算が必要な人や従業員マスタの変更が必要な人の情報を一覧表に集約し、一覧表の情報をRPAが読み取って給与計算ソフトのマスタを修正したり、自動で日割計算行って給与明細に反映させたりできるようにするということです。

　担当者は顧問先から変更点に関する情報を聞き出し、それを一覧表に落とし込むことに集中すればよいので、負荷の軽減と効率化につながります。また、生身の人間が給与計算ソフトの従業員マスタの修正を行っていると、作業の途中で電話がかかってきたり上司に声をかけられたりして作業が中断され、ミスの原因になりかねませ

んが、RPA であれば中断されることも集中力を切らすこともないので、ミスの防止という観点からも導入効果は高そうです。

③　納期を短くすることで顧客満足度アップにつなげる

加えて、RPA 導入による給与計算の早期化が顧客満足度の向上にもつながるということです。多数の顧問先の給与計算を引き受けている社会保険労務士事務所で、すべての作業を 1 人の担当者だけで行っていたら、同時に作業を進められるのは 1 社だけです。ここに RPA を投入すると、A 社の変更点情報を担当者がまとめると同時に、RPA が B 社の変更点情報をソフトに取り込む、ということができるので、実質、担当者が 1 人増えたのと同じ状態になります。「複数名」で並行して作業を進めるのですから、当然納期は短くなり、サービスの品質が向上して顧客満足度のアップにつながります。

2-3　RPA 活用による複数マスタ問題の解消

HR テクノロジーの中には、公式に API 連携を行い相性の良いソフトもあれば、連携が難しいソフトもあります。相性の良いソフトは公式な機能を用いて連携させればよいのですが、何らかの事情があって相性の悪い複数の HR テクノロジーを利用する場合、それぞれのソフトに社員名や給与情報など、同じ情報を何度も入力するのは非効率です。多くの企業で、その非効率に甘んじて複数のマスタ入力を行ったり導入を断念したりするということが起きていました。

RPA は、このような「複数のマスタ問題」の決定的な解決策にもなるということです。「A ソフトから B ソフトにデータをコピー＆ペーストする作業手順」を RPA に覚えさせて、全社員分実行させれば、人の手で作業することなく複数のソフトへの入力作業が完結するからです。このように、RPA は、ソフト間の連携や相性を気にせず自社が必要とする HR テクノロジーを導入することをも可能にします。

2-4 RPA で効率化された工数を真の顧問先サービスに活かす

サトーでは、RPA によって効率化された工数を、社会保険労務士としてできる、より高次元なサービスの提供に割り当てられるようにしていきたいと考えています。

例えば、給与計算業務でいえば、納期を守って給与計算の結果を納品するだけでなく、RPA を活用して付加価値を加え、何らかの異常値があればアラートを示すなど、給与計算＋αのサービスを顧問先へ提供できる体制を整えていきたいということです。

さらには、自社で RPA を活用するだけではなく、将来的に他の社会保険労務士事務所向けに提供できる RPA 導入サービスを開発し、HR テクノロジー時代の荒波の中、社会保険労務士業界全体を盛り立てていきたいとも考えているそうです。

第7章
HR テクノロジーで
プラチナ企業へ

　ここまで、HR テクノロジーの定義や種類、活用方法などについて説明してきました。さらに、HR テクノロジーと相乗効果のある RPA についても紹介しました。読者の皆様の目には、HR テクノロジーはどのように映ったでしょうか？　本書を読んで HR テクノロジーに少しでも親しみを持っていただけたら、筆者としてとても嬉しいです。

　本章では、HR テクノロジーの導入は、ブラック企業からの脱却やホワイト企業の上をいくプラチナ企業への進化のため、時代の流れとして必要不可欠なものであることを説明します。

　加えて、導入に当たってのプロセスは決してハードルの高いものでないことを改めて説明し、HR テクノロジーの導入を、心理面から後押しします。

第5章
HRテクノロジーと
社会保険労務士

第6章
RPAと
HRテクノロジー

第7章
HRテクノロジーで
プラチナ企業へ

第8章
HRテクノロジーを
「働き方改革」の礎に

1-1　HRテクノロジー導入は時代の要請

　本書は一貫してHRテクノロジーの導入を推奨する立場から説明をしてきましたが、念のためにお断りをしておきますと、本書は特定のHRテクノロジー企業の宣伝のために書かれた本ではありません。また、ステルスマーケティングを行う意図もありません。あらゆる利害関係を切り離し、真に客観的な視点から考えてみても、HRテクノロジーが我が国に普及していくことは国策として必要なことであると筆者は信じているからこそ、本書を執筆しました。

　現在日本では「働き方改革」が推進されています。ITの力を使って人事労務業務を効率化させるHRテクノロジーは、働く人の負荷を下げ、より生産性の高い仕事に集中できる世の中をつくるために必要不可欠な社会インフラです。企業の人事労務部門においてHRテクノロジーを導入することは、すべての企業に共通する、大きな時代の流れと理解すべきです。

1-2　東京から大阪まで徒歩で出張しますか？

　ビジネスの現場においては、出張をすることがしばしばあります。例えば東京から大阪へ出張する場合、最短で移動できる新幹線か飛行機を利用するはずです（状況によっては夜行バスなどを使うこともあるかもしれませんが）。

　コストを考えると、たしかに新幹線や飛行機の運賃は決して安くありません。しかし、出張にかかる時間を最小化して無駄な工数や人件費をかけることを考えるならば、運賃は安いものです。

　同様に、HRテクノロジーも「使う」「使わない」の選択肢で悩む時代はすでに終わっているのです。手書きで人事労務手続の書類を作成したり、電卓でタイムカードの集計や給与計算を行ったりすることが「徒歩」や「馬」での移動ならば、HRテクノロジーでこれらを自動化させることは「新幹線」や「飛行機」での移動というこ

とです。既に「KING OF TIME 号」という「新幹線」が走ったり、「SmartHR 号」という「飛行機」が飛んだりしているのに、それに乗らず徒歩にこだわるのは合理的ではありません。

　もちろん「KING OF TIME 号」や「SmartHR 号」のチケットがあまりにも高価であれば話は別ですが、「KING OF TIME 号」のチケットは1カ月当たり1名300円、「SmartHR 号」のチケットは10名以下の企業であれば無料チケットさえ用意されています。一般的な企業が出せない金額ではないはずです。

　この点、次のような見方をすることもできます。例えば時給2,000円の社員の残業単価は2,000円×1.25倍＝2,500円ですから、1分当たりの残業代に換算すると約42円です。KOT の利用料は月300円なので、全社平均で1人当たりの残業が8分短くなっただけで利用料はペイできます。このように考えれば、むしろ HR テクノロジーのコストは激安ではないでしょうか。

1-3　「IT が不得意」を言い訳にしてはならない

　HR テクノロジーの導入相談の現場でしばしば耳にするのは、「人事労務担当者が IT が得意ではない」とか「うちの会社は IT が苦手な人が多い」といった理由で消極的になってしまうという話ですが、経営トップが「HR テクノロジーを導入する」と腹を括れば、一般の人が理解できないほど難しいものではありません。要は、「食わず嫌い」になってはならないということです。

　それに、「IT が苦手」と言っても、HR テクノロジーの利用にはプログラミングや複雑な配線や電気工事をすることが求められるわけではありません。たしかに、クラウド勤怠管理ソフトの初期設定のように部分的に難易度の高い場面は存在しますが、そうした一部を除けば、HR テクノロジーのソフトは、ベンダー各社がわかりやすいインターフェースや操作性の構築に心血を注いでいますので、決して難しい操作は必要ないのです。

複雑な技術が組み合わさった自動車を運転する場合も、基本的な
ハンドルやアクセル・ブレーキの操作を学べば、多くの人が運転で
きるようになります。あとは慣れによる部分が大きいでしょう。HR
テクノロジーを使うというのも、それに近い感覚です。自動車のこ
とで困ったらディーラー等で修理してもらうのと同様に、HR テク
ノロジーを利用する場合も、困った時にはヘルプセンターや HR テ
クノロジーに強い社会保険労務士に相談をすればよいということで
す。

　さらに言えば、多少なりとも難しい操作が必要なのは管理者にな
る人事部や総務部などの担当者であって、それ以外の社員は、KOT
に接続されたレコーダーに Suica をかざして出退勤を記録すると
か、人事労務 freee の自分のページにログインして WEB 給与明細
を確認するといった、本当に基礎的な操作ができれば問題ありませ
ん。「食わず嫌い」にならなければ、HR テクノロジー導入のハード
ルは本当に高いものではないと断言できます。

1-4　多少の反対意見があっても突破する

　企業は HR テクノロジーを導入しようと考えたが、数人の社員か
ら反対意見が出てしまったという場合でも、「全員の賛成が得られ
ないなら導入は見送ろう」と判断してはなりません。まず、企業と
しては「業務効率を改善するために HR テクノロジーの導入は既定
路線である」と、強い覚悟をトップダウンで示すことが必要です。
HR テクノロジーを導入すると決めたならば、方針はブレてはなり
ません。社員のためになることをしようとしているのですから、後
ろめたく感じたり、不安になったりする理由はありません。

　万が一大多数の社員が反対するということがあれば、それは HR
テクノロジーを導入することによる効果やメリットが社員に伝わっ
ていない可能性がありますので、社員集会で説明をするなどして、
社員の理解を促進するよう努めてください。ベンダーや HR テクノ

ロジーに詳しい社会保険労務士を招いて社員研修を行うのもよいでしょう。

　もちろん、ITがすぐに使いこなせない社員に当面の配慮をすることが必要です。例えば、「スマートフォンを持っていないので、WEB給与明細を確認できない」という社員には紙の給与明細を渡せばよいでしょう。人事労務freeeであれMF給与であれ、紙の給与明細もプリントアウトして発行することは可能です。

　一律にHRテクノロジーを活用しないからと言って、導入に失敗するということはありません。導入の成否は、0か100かで評価するものではないのです。1,000人の企業で30人くらいは紙の給与明細を渡さなければならなかったとしても、残りの970人がWEB給与明細化したならば、まずは大成功ではないでしょうか。同僚がWEB給与明細を使っているのを見れば、1人、2人と「私もWEB給与明細でお願いします」という人が出てくるでしょう。あるいは、WEB給与明細化している人に、100円とか200円の少額でも「IT化協力手当」といった手当をつけるのも一案です。WEB給与明細の導入には社員の私物であるスマートフォンにアプリを入れてもらうこともありますので、手当を支給はその抵抗感を和らげることにもつながります。

1-5　「トワイライト企業」こそ真っ先にHRテクノロジーを導入すべき

　HRテクノロジーの導入はすべての企業に必要ですが、中でも、「トワイライト企業」には真っ先にHRテクノロジーに触れてほしいです。

　「トワイライト企業」とは筆者の造語で、労働法令に違反している状態のいわゆるブラック企業のうち、何とか労基法を守ろうと努力をしているが、経営上の理由等で現在はやむを得ずブラックな状態に陥っている企業を、明るくなる兆しがあるという期待を込めてそ

う呼んでいます。

　こういったトワイライト企業こそ、HRテクノロジーを活用してほしいと思います。HRテクノロジーを導入することで業務効率改善の第一歩を踏み出せますし、その成功体験が企業全体の業務効率改善へのきっかけや自信にもつながっていきます。また、残業時間などの数字が可視化されることで、負荷の片寄りや人員と業務量のバランスが取れていない部署なども明確化されます。

　その結果、例えば、仕事量に対して受注単価が低く必要な人件費が捻出できないということがわかったら、顧客に対して受注額変更を交渉するとか撤退するとかの経営判断もできるでしょう。受注単価のアップができず、撤退すると目先の資金繰りが破綻するというようなケースは判断の難易度が高いですが、こういった場合も、一定の時点までに採算性の取れる新規顧客を開拓したり新規事業を開始させたり、場合によってはリストラ施策を展開させるなど、現状を変えるための打開策の検討につながるでしょう。可視化して経営者が現状把握をできるようになることで、どのような施策を取ればホワイト企業に近づくことができるのかということに向けた経営判断の精度が上がります。

1-6　「ホワイト企業」もHRテクノロジーを駆使して「プラチナ企業」へ進化しましょう

　では、「当社は今のままでも労基法を守って十分ホワイトにやっています」という企業にはHRテクノロジーは必要ないのでしょうか？　筆者は、「ホワイト企業」にとどまることなく、さらに上の「プラチナ企業」（厚生労働省のプラチナくるみん認定とは別に、筆者が作成した造語です）を目指してHRテクノロジーの活用を進めていただきたいと思います。

　というのも、労基法は、あくまで「最低限」のルールを定めた法律だからです。第1条では、「この法律で定める労働条件の基準は最

低のものであるから、労働関係の当事者は、この基準を理由として労働条件を低下させてはならないことはもとより、その向上を図るように努めなければならない」と定めています。ですから、ホワイト企業は「ゴール」ではなく、あくまでも「スタート」なのです。

　労働条件の「向上」を実現させてこそ、真のゴールである「プラチナ企業」に到達することができます。労基法に違反するからとか、罰則を受けるからとかではなくて、労基法の枠組みを超えて社員のためになることをどんどん推し進めていくのがプラチナ企業です。

　そして、法律論だけではなく、良い人材に入社してもらって企業の競争力を高めるという観点からも、やはりプラチナ企業を目指すべきではないでしょうか。「この会社で働けば安心して出産や育児ができる」「無駄な残業がないので私生活を充実させることができる」「会社が社員1人1人の健康管理にまで気を遣ってくれる」といった職場環境が整えば、自ずと良い人材が集まってくるはずです。現在はインターネット社会ですから、良い情報も悪い情報もすぐに広まります。最近導入する企業も増えている「リファラル採用」も、社員が「うちの会社の職場環境は最高だからか転職して来なよ！」と友人知人に自信を持って勧めることができなければ成功するはずはありません。

　さらに言えば、HRテクノロジーやその他のIT技術を用いた業務効率化により社員1人当たりの労働生産性が上がれば、それを昇給や賞与の原資として還元することもできます。HRテクノロジーで人事評価の公平さや透明さが高まれば、社員のモチベーションやロイヤリティの向上にもつながっていきます。

　労働法を守るホワイト企業で足を止めず、社員が高い満足度で働くことのできるプラチナ企業を目指していきたいものです。

第8章
HRテクノロジーを
「働き方改革」の礎に

　HRテクノロジーの活用によりプラチナ企業を目指すことは、個々の企業の経営テーマであるに留まりません。

　HRテクノロジー普及の成否は、日本という国自体の将来をも左右すると筆者は考えています。「働き方改革」は、明治維新にも匹敵する国家の価値観の転換の節目です。

　この節目を、HRテクノロジーを起爆剤として乗り切り、持続可能な明るい未来を手にしたいものです。

1-1 ワークライフバランスを前提にしたジャパンクオリティを目指す

　日本に「プラチナ企業」を増やすことの重要性は、企業個々の問題にとどまりません。人々が安心して働くことができ、ワークライフバランスを実現することができる企業が1社でも増えることは、日本の持続可能性自体をも左右する重要なテーマとして受け止める必要があります。

　例えば、我が国において、少子高齢化は繰り返し問題点として指摘されていますが、なかなか改善は見られません。その大きな原因の1つとなっている若い世代の賃金も低下や非正規化も、ここ20年くらい続いています。

　勤勉に働いて高い品質の工業製品を生み出し、「おもてなし」という言葉に象徴される丁寧なサービスを提供してきたのが私たち日本人です。そのことに対して私たちは自信と誇りを持ってよいと思います。しかし、その結果として、働く人が過重労働に陥ったり、一生懸命働いても生活できるかできないかの低賃金しか手にできなかったり、安心して出産や育児ができない世の中になってしまっていたとしたら、何かが間違っていたと反省しなければなりません。

　滅私奉公的な働き方を続ければ、当面の経済を維持することはできますが、少子化などの課題を先送りすることを意味します。この局面を打開するには、ワークライフバランスを前提とした働き方で個々の企業のビジネスを維持し、さらに発展させていくためにはどうすればよいのか、必死になって知恵出しをしなければなりません。経営者や幹部社員はもちろんのこと、一般社員も当事者意識を持ってプラチナ企業づくりに取り組んでいかなければならないのです。

1-2　HRテクノロジーは働き方改革の「１丁目１番地」

　では、企業は具体的にどのような取組みによってプラチナ企業を目指していけば良いのでしょうか？　その正解を、本書で示すことは残念ながらできません。「無責任な！」と思われるかもしれませんが、企業が営むビジネスの内容も経営者の考え方も、働く人の考え方も様々ですから、唯一絶対的な正解があるわけではないのです。

　しかし、少なくとも筆者が自信をもって提案できることは、冒頭で述べた本書の結論である「HRテクノロジーを導入しましょう」ということです。

　どのような企業でも、社員を雇用すれば社会保険や雇用保険の手続き、日々の勤怠の管理や毎月給与計算を行う必要がありますが、こうした手続きや給与計算は何らかの新たな付加価値を生み出すものではありません。

　ですから、手続きや給与計算を完全自動化ないし大部分を自動化することで社員の力を新たな付加価値を生むための仕事に集中させることができるようになれば、企業全体の生産性は間違いなく向上します。HRテクノロジーの導入は、働き方改革の１丁目１番地としてすべての企業が取り組むことができ、即効性の高いものなのです。ついでに言えば、会計の仕訳処理や経費精算なども同様に、付加価値を生まない事務作業ですので、フィンテックにより自動化していくことは、やはり働き方改革の１丁目１番地に含まれると考えられます。

1-3　「幕末の志士」くらいの勢いで日本の働き方を変えていかなければならない

　「このままではいけない」と誰もがわかっていても決定的な解決策を打ち出せない状況が続いています。「歴史は繰り返す」ではないですが、大げさに言えば、筆者は現代日本のこの行き詰まり感を、幕

末の日本に重ね合わせてしまいます。

　江戸時代末期、黒船の来航により日本は西欧列強の圧力にさらされることとなりました。幕府も諸外国の技術を取り入れて国力を高め、西欧列強による植民地化を避けなければならないことを認識していましたが、なかなか決定的な手を打つことができませんでした。その状況を打破したのが幕末の志士たちで、倒幕と明治維新を実現させ、新しい政治体制、新しい価値観の下で富国強兵や殖産興業などを推し進め、欧米列強に対抗しうる新国家の構築に成功しました。

　明治維新の実現を思想面から支えたのは、福沢諭吉でした。彼の「学問のすゝめ」は、当時の日本人の10人に1人が読む国民的ベストセラーになりましたが、その中で、江戸時代の価値観を覆し、人はみな平等であること、その裏返しとして、平等だからこそ国民1人1人が自覚を持って学問（主に実学）に励み、自分の仕事に精を出して国を支えていかなければならないと述べました。また、福沢諭吉は西洋で学んだ複式簿記や保険制度などの考え方を日本に伝え、近代的な金融制度や保険制度を日本に定着させるという功績も残しました。そして、福沢諭吉のもたらした思想や知識に影響を受けた実業家が、明治維新を経済面から支える数多くの企業を設立しました。明治維新では、軍人・政治家・学者・実業家など多くの人々が、新しい価値観に基づいてそれぞれの立場から近代化に貢献したのです。

　当時の日本人が新しい価値観を受け入れ、一丸となって欧米列強に追いつこうとしたからこそ、急速な近代化は実現したのだと思います。

　現代日本に話を戻すと、国を挙げて進行中の働き方改革こそ、明治維新にも匹敵する大きな時代の節目と言えます。一体となって本気で働き方改革に取り組めば、明治維新くらいインパクトのある価値観や生活の転換が実現するのではないでしょうか。

1-4　既存の企業の効率化だけでなく、付加価値や生産性の高い新産業の創出も

　我が国で働き方改革を実現するには、効率化に加え、もう1つ、働き方改革を推し進めるエンジンが必要です。それは、付加価値や生産性の高い新産業の創出です。

　日本経済を牽引してきた製造業は「空洞化」がいわれて久しいものの、日本の株式市場では、依然として時価総額の上位にグローバル製造業や大規模な内需系インフラ企業が並び、新たな雇用の受け皿や経済成長のエンジンとなる産業が十分に育っているとは言えません。この点、米国では GAFA（Google, Apple, Facebook, Amazon の総称）をはじめとする新しい産業が株式市場の時価総額の上位を占め、大きな存在感を持っています。

　グローバル製造業や内需系のインフラ企業は、企業規模や経営体力があり、そこで働く社員には恵まれた賃金や福利厚生が用意されていますが、以前ほど雇用の受け皿としての存在感はありません。また、内需系のインフラ企業も既に通信網も鉄道網も全国に行き渡っていますから、就職できる人数はこれ以上増えないでしょう。生産性や付加価値の高い新産業の隆盛に期待しなければなりません。

　東証マザーズやジャスダックに新規上場が続いているように、可能性を秘めたベンチャー企業は多数誕生しています。中には楽天やサイバーエージェントのように、もはやベンチャーとは言えない規模に成長した企業も存在します。楽天やサイバーエージェントの賃金水準や福利厚生は、既に歴史ある大企業に匹敵しています。

　若者を中心とした労働者の賃金の底上げを図るためには、より多くの働く人を生産性の低い仕事から解放し、新産業を生み出す起業家を育成したり生産性の高い仕事に移行したりできるようにしていかなければなりません。そういった観点からも、HR テクノロジーは起業家を助けるという意味において存在価値があります。

　サイバーエージェント創業者の藤田晋社長の自叙伝「渋谷ではた

らく社長の告白」にも、創業初期の頃の思い出として、営業は得意だが総務や経理に苦労したということが書かれています。起業家がバックオフィス業務に悩まされず本業に集中できるような環境を整え、ベンチャー企業の成功の可能性と成長の速度を高めるという点においても、HRテクノロジーやフィンテックは貴重な存在です。

1-5　プラチナ企業が明日の日本を支える力になる

　話が大きく膨らんでしまいましたが、HRテクノロジーというのは、総括すれば、働き方改革の土台となり、最終的には日本の将来にもつながっていくIT技術として期待されるということです。

　HRテクノロジーの導入をきっかけとして、1社でも多くの企業がプラチナ企業に脱皮することができれば、企業としても競争力が高まることはもちろんですが、それに伴い、社員が十分な収入を得ることができ、ワークライフバランスを実現できる職場環境も整うことでしょう。生活にゆとりが生じれば、結婚をしたいとか、子どもを産みたいという考えを持つ若者も自ずと増えていくはずです。

　そして、HRテクノロジーが起業家を助けることで、1社でも多くの未来のプラチナ企業を生み出すきっかけになることも期待してやみません。

　紙のタイムカードを鉛筆で集計したり電卓を叩いて給与計算を行ったりしている時間は、もはやないのです。その時間をHRテクノロジーでミニマム化して、既存のビジネスの付加価値を高めたり新しいビジネスのアイデアを考えたりするほうが、何倍も有意義です。経営者や社員が、有意義な仕事に時間を使えるようにする積重ねが、企業の競争力の向上につながっていきます。HRテクノロジーによって単純作業を排除して、クリエイティブに働く人が少しずつ増えていけば、日本の未来も明るいものになるのではないでしょうか。

著者略歴
榊　裕葵（さかき　ゆうき）
特定社会保険労務士
ポライト社会保険労務士法人マネージング・パートナー

　上場企業の海外事業室、経営企画室に約8年間勤務後、独立。個人事務所を経てポライト社会保険労務士法人を設立し、マネージング・パートナーに就任。自動車製造関係の会社に勤務していたため、製造現場の効率改善に対する意識の高さに触発され、バックオフィスにも水平展開したいという想いを持った。ITやクラウドソフトの活用が水平展開の突破口になると考えてHRテクノロジーに関心を持つようになり、今日に至っている。

ポライト社会保険労務士法人概要

　2016年5月、特定社会保険労務士の中村亮介と榊裕葵が埼玉県さいたま市で共同設立。「ポライト」とは「親切・丁寧」という意味で、設立以来、接しやすく親しみのある社会保険労務士事務所の運営を心がけてきた。
　また、「社員から信頼される会社づくりをサポートする」を経営理念に掲げている。「社員から信頼される会社」を目指すためには様々なアプローチが考えられるが、当社ではHRテクノロジーを導入して業務の効率化や標準化を図っていくことは、「社員から信頼される会社」の土台となり屋台骨となると確信し、当面のミッションとして、HRテクノロジーの導入支援および運用支援への注力を進めている。HRテクノロジーの導入を踏まえた労務管理体制の構築支援、HRテクノロジーの開発支援や関連メディアへの寄稿等にも、事業領域を広げている。

住　　所：〒330-0846
　　　　　埼玉県さいたま市大宮区大門町3-205
　　　　　ABCビル2F
電話番号：048-783-4920
Ｆ　Ａ　Ｘ：048-645-0236
E‐mail：headoffice@polite-sr.com
ウェブサイト：http://polite-sr.com

日本一わかりやすい HRテクノロジー活用の教科書		2019年4月10日　初版発行	

検印省略

著　　者	ポライト社会保険労務士法人 榊　　裕　葵	
発　行　者	青　木　健　次	
編　集　者	岩　倉　春　光	
印　刷　所	三　報　社	
製　本　所	国　宝　社	

〒101-0032
東京都千代田区岩本町1丁目2番19号
https://www.horei.co.jp/

（営　業）	TEL	03-6858-6967	Eメール	syuppan@horei.co.jp
（通　販）	TEL	03-6858-6966	Eメール	book.order@horei.co.jp
（編　集）	FAX	03-6858-6957	Eメール	tankoubon@horei.co.jp

（バーチャルショップ）https://www.horei.co.jp/iec/
（お詫びと訂正）https://www.horei.co.jp/book/owabi.shtml

※万一、本書の内容に誤記等が判明した場合には、上記「お詫びと訂正」に最新情報を掲載しております。ホームページに掲載されていない内容につきましては、FAXまたはEメールで編集までお問合せください。

・乱丁、落丁本は直接弊社出版部へお送りくださればお取替えいたします。
・[JCOPY]〈出版者著作権管理機構 委託出版物〉
本書の無断複製は著作権法上での例外を除き禁じられています。複製される場合は、そのつど事前に、出版者著作権管理機構（電話03-5244-5088、FAX 03-5244-5089、e-mail: info@jcopy.or.jp）の許諾を得てください。また、本書を代行業者等の第三者に依頼してスキャンやデジタル化することは、たとえ個人や家庭内での利用であっても一切認められておりません。

Ⓒ Y. Sakaki 2019. Printed in JAPAN
ISBN 978-4-539-72667-9

「労働・社会保険の手続き＋関係税務」「人事労務の法律実務」を中心に，企業の労務，総務，人事部門が押さえておくべき最新情報をご提供する月刊誌です。

ビジネスガイド

開業社会保険労務士専門誌 SR

開業社会保険労務士のため，最新の法改正やビジネスの潮流をとらえ，それらを「いかにビジネスにつなげるか」について追究する季刊誌です。

https://www.horei.co.jp/bg/
https://www.horei.co.jp/sr

便利でお得な 定期購読のご案内

定期購読会員（※1）の特典

- **¥0 送料無料で確実に最新号が手元に届く！**（配達事情により遅れる場合があります）

- **少しだけ安く購読できる！**
  - ビジネスガイド定期購読（1年12冊）の場合：1冊当たり約140円割引
  - ビジネスガイド定期購読（2年24冊）の場合：1冊当たり約240円割引
  - SR定期購読（1年4冊（※2））の場合：1冊当たり約410円割引
  - 家族信託実務ガイド定期購読（1年4冊（※3））の場合：1冊当たり320円割引

- **会員専用サイトを利用できる！**

- **割引価格でセミナーを受講できる！**

- **割引価格で書籍やDVD等の弊社商品を購入できる！**

定期購読のお申込み方法

振込用紙に必要事項を記入して郵便局で購読料金を振り込むだけで，手続きは完了します！
まずは雑誌定期購読担当【☎03-6858-6960／✉kaiin@horei.co.jp】にご連絡ください！

1. 雑誌定期購読担当より専用振込用紙をお送りします。振込用紙に，①ご住所，②ご氏名（企業の場合は会社名および部署名），③お電話番号，④ご希望の雑誌ならびに開始号，⑤購読料金（ビジネスガイド1年12冊：11,294円，ビジネスガイド2年24冊：20,119円，SR1年4冊5,760円）をご記入ください。

2. ご記入いただいた金額を郵便局にてお振り込みください。振込手数料はかかりません。

3. ご指定号より発送いたします。

（※1）定期購読会員とは，弊社に直接1年（または2年）の定期購読をお申し込みいただいた方をいいます。開始号はお客様のご指定号になりますが，バックナンバーから開始をご希望になる場合は，品切れの場合があるため，あらかじめ雑誌定期購読担当までご確認ください。なお，バックナンバーのみの定期購読はできません。
（※2）原則として，2・5・8・11月の5日発行です。
（※3）原則として，3・6・9・12月の28日発行です。

■ 定期購読に関するお問い合わせは…

日本法令 雑誌定期購読会員担当【☎03-6858-6960／✉kaiin@horei.co.jp】まで！